〝親中派〟幹事長が誕生した理由

二階俊博 自民党幹事長の守護霊霊言

大川隆法
RYUHO OKAWA

まえがき

いやはや、何と言うべきか、日本の政治家というものはこんなものか、とため息をつかせる内容であった。

この国は危《あや》うい。マスコミは提灯《ちょうちん》持《も》ちばかり。衆愚政《しゅうぐせい》の池の中を、ウナギやナマズのようにヌメリながらひたすら延命《えんめい》を図《はか》る。

これがこの国の政治屋《せいじや》たちの実態《じったい》だろう。八月だけで台風が日本列島を四発も直撃《ちょくげき》するだけのことはある。

もはや解説《かいせつ》は不要だろう。本書をご一読下されば、安倍政権の未来は見てとれる。

日本国民は忍耐強い。世界から〝感動〟を呼ぶことだろう。「これでも幸福実現党は不要ですか。」と国民各位にお聞きしたいぐらいだ。

二〇一六年　九月一日

幸福《こうふく》の科学《かがく》グループ創始者兼総裁《そうししゃけんそうさい》
幸福実現党創立者兼総裁《こうふくじつげんとうそうりつしゃけんそうさい》
大川隆法《おおかわりゅうほう》

二階俊博自民党幹事長の守護霊霊言　目次

二階俊博《にかいとしひろ》自民党幹事長の守護霊霊言《しゅごれいれいげん》

――〝親中派〟幹事長が誕生した理由――

二〇一六年八月二十九日　収録

東京都・幸福の科学　教祖殿《きょうそでん》　大悟館《たいごかん》にて

「霊言現象《れいげんげんしょう》」とは、あの世の霊存在の言葉を語り下ろす現象のことをいう。これは高度な悟《さと》りを開いた者に特有のものであり、「霊媒現象《れいばい》」（トランス状態になって意識を失い、霊が一方的にしゃべる現象）とは異なる。

また、人間の魂《たましい》は原則として六人のグループからなり、あの世に残っている「魂のきょうだい」の一人が守護霊《しゅごれい》を務めている。つまり、守護霊は、実は自分自身の魂の一部である。したがって、「守護霊の霊言」とは、いわば本人の潜在《せんざい》意識にアクセスしたものであり、その内容は、その人が潜在意識で考えていること（本心）と考えてよい。

なお、「霊言」は、あくまでも霊人《れいじん》の意見であり、幸福の科学グループとしての見解と矛盾《むじゅん》する内容を含《ふく》む場合がある点、付記しておきたい。

二《に》階《かい》俊《とし》博《ひろ》自民党幹事長の守《しゅ》護《ご》霊《れい》霊《れい》言《げん》

――〝親中派〟幹事長が誕生した理由――

二〇一六年八月二十九日　収録

東京都・幸福の科学　教《きょう》祖《そ》殿《でん》　大《たい》悟《ご》館《かん》にて

二階俊博《にかいとしひろ》（一九三九〜）

政治家。和歌山県出身。中央大学法学部卒。遠藤三郎《えんどうさぶろう》元建設相秘書や和歌山県議会議員などを経《へ》て、一九八三年、衆議院議員に初当選。九三年に小沢一郎《おざわいちろう》と新生党を結成。さらに、新進党や自由党に参加し、九九年、小渕《おぶち》第二次改造内閣の運輸相・北海道開発庁長官として初入閣を果たす。その後、経済産業相や自民党総務会長等を歴任し、二〇一六年八月より自民党幹事長を務める。

質問者

綾織次郎《あやおりじろう》（幸福の科学常務理事 兼《けん》「ザ・リバティ」編集長 兼 ＨＳＵ講師）

斎藤哲秀《さいとうてつしゅう》（幸福の科学編集系統括《とうかつ》担当専務理事 兼
ＨＳＵ未来創造学部芸能・クリエーターコースソフト開発担当顧問《こもん》）

立木秀学《ついきしゅうがく》（幸福の科学理事 兼 ＨＳ政経塾《せいけいじゅく》塾長 兼 ＨＳＵ講師）

［質問順。役職は収録時点のもの］

1　二階俊博《にかいとしひろ》幹事長の守護霊《しゅごれい》を招霊《しょうれい》する

大川隆法　今朝《けさ》から自民党幹事長である二階《にかい》（俊博《としひろ》）さんの守護霊《しゅごれい》と思われる方が来ていらっしゃって、ずっとおられるので（苦笑）、お話を聞かなければいけないのかなと思います。

最近では、当会から、岸田《きしだ》（文雄《ふみお》）外務大臣の守護霊霊言《れいげん》、菅《すが》（義偉《よしひで》）官房長官《かんぼうちょうかん》の守護霊霊言、小池《こいけ》（百合子《ゆりこ》）新東京都知事の守護霊霊言が出ているので、〝流れ〟的にはこの人も出てもおかしくないとは思っています（それぞれ、『岸田文雄外務大臣　守護霊インタビュー　外交　そしてこの国の政治の未来』〔幸福実現党刊〕『菅官房長官の守護

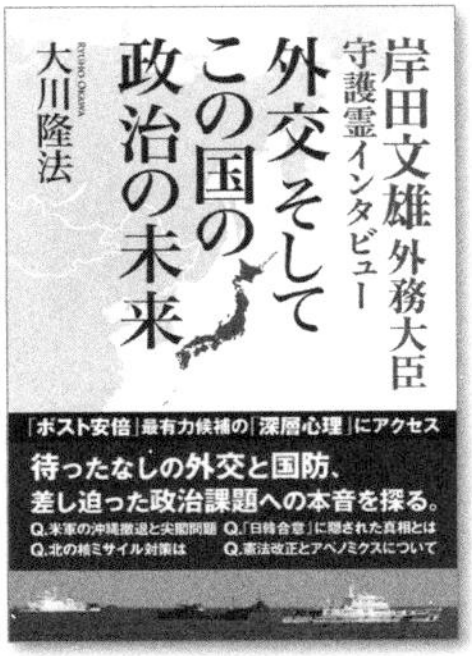

「ポスト安倍」最有力候補の実力を探《さぐ》る。
『岸田文雄外務大臣 守護霊インタビュー
外交 そしてこの国の政治の未来』
（幸福実現党刊）

霊に訊《き》く　幸福実現党〝国策捜査《そうさ》〟の真相』〔幸福の科学広報局編、幸福の科学出版刊〕『小池百合子　実力の秘密』〔幸福の科学出版刊〕参照）。

おそらく、安倍《あべ》政権の番頭《ばんとう》としての役割で出てきているのではないかと思うのです。

こちらも初めてなので、よく分かりませんけれども、「どのようなお考えをお持ちなのか」を聞いてみましょう。参考になることもあるかもしれません。

当会の考え方などに対して、向こう様から何かご意見がおありになるのか。最近出ている霊言集について、あるいは、安倍政権に対する批評等について、何か言いたいことや打ち返しがあるのか。そのあたりについて訊いてみようかと思います。

二階幹事長は、かなり政界歴の長い方ですので、「〝タヌキ・キツネ学〟の仲間に

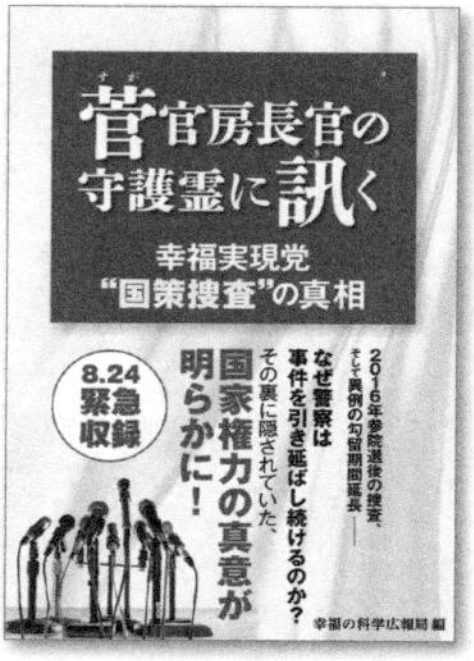

安倍政権の“ご家老”は何を狙っているのか。『菅官房長官の守護霊に訊く　幸福実現党“国策捜査”の真相』（幸福の科学広報局編、幸福の科学出版刊）

初の女性都知事に今後のビジョンを訊く。『小池百合子　実力の秘密』（幸福の科学出版刊）

入るしかない人かな」と思いますし、本音が聞けるかどうかは分かりません。守護霊まで（地上の本人と）同じかもしれませんが、せっかくいらしたのだから、きっと言いたいことがおありなのでしょう。

どういう人なのか……、まあ、何十年も政界におられるので、守護霊の発言といえども「本音」と言えるかどうかは予断《よだん》を許さないところです。質問をしながら様子を見て、考え方を変えていかなければいけないかもしれませんね。

ただ、おそらくは、「安倍政権の長期化に向けての布石《ふせき》を打ちに来たのではないか」と考えています。

当会が敵に見えているか味方に見えているかは分かりませんが、何か布石を打って、将来に備えたいと思っているのではないかという感じがしているのです。

幹事長就任が決まり、記者会見をする自民党の二階俊博氏（2016年8月3日撮影）。

おそらく、「菅さんや岸田さんに代わってのご意見なのではないか」と思いますけれどもね。あるいは、安倍さんの本音の代弁かもしれません。

とにかく、このあたりについて訊いてみようかと思っています。

二階幹事長については私のほうもあまりよく存じ上げませんが、和歌山県出身の七十七歳《さい》で、衆議院議員当選回数が十一回というかなりの大ベテランです。また、今回、幹事長に抜擢《ばってき》されて、「最後のご奉公《ほうこう》」というように思っているのではないでしょうか。

（質問者に）では、行ってみますか。

（合掌《がっしょう》した手を擦《す》り合わせながら）二階俊博自民党幹事長の守護霊よ。

二階俊博自民党幹事長の守護霊よ。

どうか、幸福の科学　教祖殿《きょうそでん》にお出《い》でくださり、われらの質問にお答えくだされば幸いです。二階俊博幹事長の守護霊よ……。

（約十秒間の沈黙《ちんもく》）

2　安倍《あべ》政権は「頑張《がんば》ってるじゃないの」

開口一番、内閣支持率が高いことを強調する二階氏守護霊

綾織　こんにちは。

二階俊博守護霊　うーん。うーん……。うーん……。

綾織　本日は、おそらく、何か伝えたいことがおありになって、ご自身のほうから来られたのかなと推察いたします。

二階俊博守護霊　うーん。

綾織　参院選後、安倍《あべ》内閣が新しく発足《ほっそく》して、二階さんは幹事長に就任されました。非常に選挙に強い方ですので、まさに適任かと思います。

そこで、「今後の安倍政権をどのように運営していくのか」、あるいは、「日本やアジアについて、どのようにお考えになっているのか」などについて、お伺《うかが》いしていきたいなと思っています。

二階俊博守護霊　うーん……。うーん……。安倍政権はね、長期化してきているけどねえ、評判はわりにいいんですよ。

綾織　そうですか。

二階俊博守護霊　今日もね、（内閣）支持率が六十二パーセントとか出てたんですよねえ（注。日本経済新聞社とテレビ東京が八月二十六～二十八日に行《おこな》った世論《よろん》調査では、安倍内閣の支持率は六十二パーセントだった）。

綾織　はい。

二階俊博守護霊　これだけやって六十二パーって、なかなか取れるもんじゃないですよねえ。新しく当選した人のような支持率がまだ出てるんですよ。ねえ？　だから、君たちの見方が、ちょっと厳しいんと違《ちが》うかなあ。

綾織　（苦笑）安倍政権のいいところも評価はしておりますし……。

二階俊博守護霊　六十二パーですよ、これだけ（の期間）やってるのに。出直しして、もう一回、三年半にも四年にもなって、まだ六十二パーですよ。

綾織　はい。

二階俊博守護霊　すごくないですか？

綾織　確かに、（安倍政権は）二〇一二年の衆院選から始まって、二度目の衆院選も勝ち、二回の参院選も勝ちました。

二階俊博守護霊　野党連合も破ったんですよ。

綾織　はい。

二階俊博守護霊　それから、安保《あんぽ》法制反対の左翼《さよく》の〝あれ〟も破って、マスコミを破り、野党連合を破り、ＳＥＡＬＤｓ《シールズ》（自由と民主主義のための学生緊急《きんきゅう》行動）も破り、まだこれだけの支持率を持ってるんですよ。すごくないですか。

「何をそんなに怒《おこ》ることがあるのよ」

綾織　あえて言わせていただきますと、安保法制関連では、私たちも、「賛成だ。やはり、これを変えないといけない」と思って運動しましたので、そのあたりは、安倍政権のある意味での「追い風」になっている部分だと思います。

二階俊博守護霊　いやあ、後悔《こうかい》してるんじゃないの？

綾織　後悔とは？

二階俊博守護霊　応援《おうえん》したのを。（私たちを）応援したから……。

綾織　いえ、やはり、あの動き自体は必要なものですので。

二階俊博守護霊　そうなの？　そうなの？

綾織　安倍政権が、部分的にいろいろ問題を抱《かか》えつつも、必要なことは……。

二階俊博守護霊　「応援して損した」と思ってるんじゃないの？

綾織　いえいえ。日本のために必要なことは主張していきます。

二階俊博守護霊　君らは、今、〝左翼のネズミ〟に引っ張っていかれそうになっとるのと違うか？　うん？

綾織　いえ、そのときどきで必要なことを判断していますので……。

二階俊博守護霊　何かねえ、少し雲行きが怪《あや》しいんだな。

綾織　ああ……。そのようにご覧になりますか。

二階俊博守護霊　うーん、変な感じ。特にだなあ、わしみたいな年になると信仰心《しんこうしん》が深あなっとるからさ。君らから、「火山を噴火《ふんか》させた」だの、「台風を呼び込《こ》んだ」だの言われると、ほんとに心臓が凍《こお》りつきそうになるからさ。

綾織　ああ、そういうふうに思われているのですね。

二階俊博守護霊　そんなに怒《おこ》らんでもええで。何をそんなに怒ることがあるのよ。

綾織　私たちも、ある意味で、安倍政権にはさまざまに被害《ひがい》を受けているところもありますし、それについては……。

二階俊博守護霊　いやあ、そんなこと……。言ってるとおり（安倍政権は）頑張《がんば》ってるじゃないの。ちゃんと頑張ってるじゃん。

いやあ、君らから見りゃあ、ゆっくりかもしらんけど、頑張ってるじゃない。

綾織　頑張っている？

二階俊博守護霊　うん。

政治家の考え方は「ビリヤード」のようなもの？

斎藤　確かにアベノミクスも世界的に有名になりましたし、菅官房長官《すがかんぼうちょうかん》は「成功した」などと、いろいろなところで言っていますけれども、実際には、四～六月期の成長率は〇・〇四パーセントです。「ほとんどゼロパーセントで伸《の》びがない」というデータが出ています。「必ずしも、ＰＲしているような活躍《かつやく》には至っていない」というのが、周りから見た客観的な状況《じょうきょう》ですので、頑張っているかどうかは分からないのではないでしょうか。

二階俊博守護霊　それは、景気回復策をいっぱい打ってるのに、君らが、「不況が来る、来る」と言うから、そうなってるのと違うの？

斎藤　（苦笑）そんな、他人《ひと》のせいにしなくても……。

二階俊博守護霊　君ら、機嫌《きげん》が悪うなったからさあ。君らが「アベノミクスは成功する」って言ってくれれば、みんな財布《さいふ》の紐《ひも》が開《ひら》いてくるのに、「失敗した、失敗した」って言うから、財布の紐が締《し》まってきてる。

綾織　その大きな原因は「消費税」ですよ。

二階俊博守護霊　ええ？　うーん、そんなことは……。そんなに大きく……。

綾織　こちらとしては（消費税八パーセントへの引き上げ中止を）何度も主張しましたけれども、まったく聞く耳を持たなかったということですね。

二階俊博守護霊　いやあ、そんなことはないよ。安倍さんだって、消費税上げは、本当は本心では反対でも、首相ともなればやらざるをえないことは……。

だから、安倍さんが総理になる前に、野田《のだ》政権等の合意で、（消費税を）上げることは決まっていたからね、与野党《よやとう》合意でね。

もとは、財務省の縛《しば》りもあったけども、マスコミは「財政再建が必要だ」って、みんな言うからさ。朝日から産経まで「財政再建」って、みんなマスコミが合意して、与野党が合意してて。安倍さんは、消費税上げをしたら人気が落ちるから、あんまりやりたくはないけども、引きずられて、やむなく上げた。

それで、上げたくない気持ちが、今回の延期。次の増税を二回延期した。二回も延期したのを見ても、よう分かるじゃないの、ねえ？

だから、本心は君らと、ほんと〝一ミリ〟ぐらいしかずれてないんだからさ。

綾織　その〝一ミリ〟が、けっこう大きな差になるんですけどね。

二階俊博守護霊　政治的な……、何て言うかなあ、人の立ち居《い》振《ふ》る舞《ま》い、言葉遣《づか》いのあやをよく読み取ってだな、もうちょっと応援してやってくれてもええんじゃないかなあ？

綾織　ああ、「応援してほしい」というのが、今日、伝えたいことですか。

二階俊博守護霊　だから、去年の「安倍談話」なんかでもね、渡部昇一《わたなべしょういち》先生その他、偉《えら》い先生でも、「百点満点だ」と言ってくれてる人がいっぱいいるのに、君たち、そんな怒らんでもええじゃないか。安倍さんの本心でないことぐらい、よう分かってるんだから。前半のほうで、ちゃんと安倍さんの本心が出て、後半はちょっと、ほかのところを〝なでなで〟しただけなんだからさ。

戦後70年の「安倍談話」を発表する安倍晋《しん》三《ぞう》首相（2015年8月14日撮影）。

汲《く》み取ってほしいなあ。

綾織　私どもは、そうした〝文学的な表現〟には慣れていませんので、やはり、安倍談話にしても、「率直《そっちょく》に言ってほしい」という気持ちです。

二階俊博守護霊　君らは喧嘩《けんか》っ早《ぱや》いからなあ、ほんとにな。喧嘩っ早い人ばっかり出てくるからさ、次から次へと、もう。

綾織　そういう人ばかりではないと思います。では、今日、述べたいことは、「安倍政権をそんなに厳しく批判しないでくださいよ」ということですか。

二階俊博守護霊　いや、いや。そらあ、政治家はいろいろと考えながら、ビリヤードみたいに球《たま》を突《つ》いて、当たって、当たって、当たって入るように考えるからさ。それは、私自身にだって、本心はよう分からん。

綾織　ああ、そうですか。

二階俊博守護霊　うん。

「菅《すが》さんの代わりにガス抜《ぬ》きに来た」

綾織　今日は、自民党幹事長の守護霊さんにお話を伺《うかが》う機会ですので……。

二階俊博守護霊　なんかね、これ（霊言《れいげん》収録）、出る前にな、「二階さんなんて知名度低いし、本は売れんし、やったってしょうがないんじゃないか」って周りの人に言われて、がっかりして来てるんだけどさ。そんなに知名度低かったかなあ。

綾織　一般《いっぱん》には、そういうところがあると思いますけれども（笑）。

二階俊博守護霊　（大声で）ああっ!! 「一般には」なんて、君ねえ、編集長がそんなことを言っていいわけ!?

綾織　（苦笑）

二階俊博守護霊　「一般には」ってことはないでしょう。

綾織　ただ、見る人から見ると、今の安倍政権は、菅《すが》官房長官と二階幹事長の二人で、やはり回していくと見ています。

二階俊博守護霊　だから、菅さんが、君らみたいに〝仲間でなきゃいけない人〟にいじめられとるから、私が〝代わりに〟来てやるんじゃないの、もう。

綾織　ああ、そういうことですか。

二階俊博守護霊　菅さんが弁明したら、さらに火に油を注ぐんだろう？（前掲《ぜんけい》『菅官房長官の守護霊に訊《き》く　幸福実現党〝国策捜査《そうさ》〟の真相』参照）だから、できねえから私が代わりに来て、〝ガス抜《ぬ》き〟に来とるんじゃないか、丁《てい》寧《ねい》に。

綾織　あっ、〝ガス抜き〟なんですね。

斎藤　今日は、菅官房長官の守護霊の件で、〝ガス抜き〟にいらっしゃったのですか？

二階俊博守護霊　うん、丁寧にガス抜きに来てんの。次また、台風十号が戻《もど》ってきて。

綾織　もう近づいていますね。

二階俊博守護霊　君らは何を考えとるのよ、もう。なんか悪いことを考えとるんだろうが。

綾織　やはり、この東京近辺に警告をしなければいけないということなんでしょう。

二階俊博守護霊　もう、そういうのは、「なし」にしてくれんかな。悪いのはマスコミなんやから。自民党は悪くないんだ。

●台風10号が戻ってきて……　2016年8月19日に伊豆《いず》諸島沖で発生した台風10号は、当初、沖縄に向かっていたが、25日になって急に進路を北東に変え、30日に岩手県大船渡《おおふなと》市付近に上陸。強い勢力を保ちつつ東北を縦断し、青森県沖の日本海に抜けた。

綾織　いえ、いえ。

二階俊博守護霊　マスコミなんだ。マスコミや。

綾織　ある程度、マスコミを懐柔《かいじゅう》しているところがありますので、安倍さんにはいろいろ考え直していただきたいと思っています。

二階俊博守護霊　そんなことないですよ。私らはねえ、善意で生きてるからさあ。〝善意と信仰心〟で生きてるのが自民党なんだからさ。だからね、天誅《てんちゅう》を下《くだ》すのは民進党にしてくれよ、もう。

綾織　なるほど。

3　安倍《あべ》政権は「任期延長」して何を目指すのか

自民党は、「寄り合い所帯で難しい政党」

綾織　では、ぜひ今日は幹事長の本音を語っていただければと思います。もしかしたら、こちらも考え方を変えるかもしれません。

二階俊博守護霊　ほんと？

綾織　はい。

二階俊博守護霊　だけど、「二階さんの本なんか出したって、買う人はいない」みたいな言い方は、ちょっとがっかりやなあ。

綾織　安倍《あべ》政権のキーマンであることは間違《まちが》いありません。

二階俊博守護霊　がっかりやなあ。

立木　一部では、「安倍首相も二階幹事長と心中《しんじゅう》する覚悟で、最後まで連携《れんけい》する」というような観測をしていますので、非常に重要な人物であると、私どもも認識しております。

二階俊博守護霊　ああ、重要？　なんか私の重要さは、あなた（立木）の教団での重要さと同じぐらいらしいから、どうも。ええ？

立木　（苦笑）

二階俊博守護霊　（立木に）ほら、引きつっとるじゃないか。見てみい。

綾織　いや、重要です。

二階俊博守護霊　ええ？　もう。

斎藤　七十七歳《さい》まで十一回も当選しており、熟年となりながらも頑張《がんば》っておられます。

二階俊博守護霊　和歌山県民だけよ、支援《しえん》してくれるのは。全国区ではまったく無名でなあ。ほんと、そうなのよ。大臣をしたって覚えてくれんのよ。うーん……。

綾織　二階幹事長のお考えとしては、政策的には当会と近いところもありまして、「国土強靱化《きょうじんか》」ということで、公共投資を非常に重視されているわけです。

例えば、新幹線やリニア等も含《ふく》むと思うのですけれども、非常に熱心に訴《うった》えをされていますので、その意味では、「共通の考え方」に立って、これからやっていけると思います。

二階俊博守護霊　あのね、君の言い方からすると、そのあとに〝悪い話〟が来るんだろう?

綾織　いえ、いえ、いえ、いえ、いえ。素晴《すば》らしい考え方だと思います。自民党のなかに、こういう考え方を持っている方は、それほどたくさんい

安倍晋三首相にリニア中央新幹線に関する申し入れを渡す二階俊博氏（2015年9月16日撮影）。

るわけではありません。非常に重要な政治的主張であると思います。

二階俊博守護霊　「自民党」っていうのは、難しい政党なんですよ。「寄り合い所帯」でねえ。

安倍さんは「タカ派路線」みたいには言われていて、そういう人もいるけど、それを中和する人もいて、いろいろやっているしね。

だから、谷垣《たにがき》（禎一《さだかず》）さんがあんなこと（自転車事故）になったからね。しかたなく、私みたいな〝御用《ごよう》済みの人〟が出てきて。

綾織　いえ、とんでもございません。

二階俊博守護霊　まあ、天変地異の犠牲《ぎせい》になるんかなあ、私なんかねえ。

二階氏守護霊は「生涯現役人生《しょうがいげんえき》」を目指している?

二階俊博守護霊　この前、(谷垣氏の)自転車を倒《たお》したのは君らちゃうんか、あれ。「選挙期間中に走っとって、皇居の側《そば》で倒れる」っておかしいよ。

綾織　そこまでピンポイントなことは、さすがにできません(苦笑)。

斎藤　ただの自分の不注意ではないかと思いますけれども。

二階俊博守護霊　ええ?　君ら、〝濡《ぬ》れ落ち葉〟を敷《し》いたんと違うんか、何か。

綾織　いえ、谷垣さんは立派な方だと思いますので、特にそういう悪意を持って考えたりはしていません。

二階俊博守護霊　おかしすぎじゃない。選挙三日目か何かぐらいに、サイクリング協会の会長がサイクリング中に転倒《てんとう》して、あんな重傷になって。おかしい。〝祟《たた》り〟としか思えんなあ、もう。

綾織　ああ、祟りですか。

二階俊博守護霊　うーん、〝罰《ばち》〟か。

立木　ただ、結果として、そのあと二階さんが幹事長として就任されていますので、このあたりは、ひょっとしたら何か〝ご関係〟がおありなのかなという……。

二階俊博守護霊　いや、君らがわしを応援しとったっていうんなら、それは分かるけどさあ。そんなん、たまたま「棚《たな》ぼた」やろ?

立木　あっ、「棚ぼた」というご認識ですか。

二階俊博守護霊　そらあ、棚ぼたに決まっとるじゃないの。だから、わしとしては、幹事長にしてくれたから、何かお返しせないかんじゃないか。なあ?　「安倍さんの任期を九年にする」なんていう珍《めずら》しいことを言って、今、忠誠心を示しとるんじゃないか（注。八月三日に幹事長となった二階俊博氏は、「三期九年」を見据《みす》えた自民党総裁の任期延長論を語った）。

綾織　そうですね。幹事長になられて、いちばん最初の発言が、「任期延長を議論すべきだ」というものでした。

二階俊博守護霊　そらあ、そうや。君らの政策どおりや。「生涯現役《しょうがいげんえき》人生」をつくるためにはね、幹事長が八十でも九十でもできるようにして頑張らないかん。老人に夢を与《あた》える。

綾織　任期が、「二期六年」というところを、「三期に延ばす」と、はっきり言っていますよね。

二階俊博守護霊　（アメリカ）大統領が八年でしょう？「九年」ったら、すごいよなあ。前回もやってるからな。そら、すごいよなあ。

綾織　ただ、それなりに難易度は高いものです。中曽根康弘《なかそねやすひろ》首相のときも任期延長がなされましたが、そのときは一年だけの延長でした。中曽根さんですら一年の延長で、それを丸々三年延長するというのは、かなり厳しいと思います。

二階俊博守護霊　だから、中曽根さんと安倍さんとでは、そらあ、全然「器《うつわ》」が違いますよねえ。

綾織　器が違いますか（苦笑）。

二階俊博守護霊　中曽根さんはちっちゃい考えで、狭《せま》かったですからね。安倍さんは、大鷲《おおわし》の如《ごと》く翼《つばさ》を広げて、翼の下に何でも入るんだ。

綾織　なるほど。

二階俊博守護霊　なあ？　そらあ、器が違いますわ。

綾織　まあ、中曽根さんは、今、ご存命でいらっしゃるので、これが伝わってしまうところもあるのですけれども。

二階俊博守護霊　いや、大丈夫《だいじょうぶ》ですよ。

綾織　大丈夫ですか。

二階俊博守護霊　もう〝お呼び〟が来てるから大丈夫です。

綾織　そうですか（苦笑）。それも、またちょっと問題あるかと思うんですが。

二階俊博守護霊　彼から比べれば、私なんかまだ〝青年〟ですからね。大丈夫ですよ。

安倍《あべ》首相の任期延長は国防のためなのか

綾織　安倍《あべ》政権が九年できると、二〇二〇年を超《こ》えて……。

二階俊博守護霊　いや、そうしたら対外的にね、君ねえ、すっごいパワーですよ。日本への信頼《しんらい》がグーッと高まって、「安倍さんの言うことを信じていいんだな」と思うでしょう?

だから、経済的にも政治・外交的にもね、対外的に、「ああ、これはアメリカの大統領や習近平《しゅうきんぺい》よりも、こちらのほうが信頼できるかもしらん」と……。

綾織　まあ、習近平さんも、同じく任期延長をやろうとしているので、〝日中共同歩調〟でやっていますけどね。

二階俊博守護霊　いやあ、負けずにこっちも延ばさないかんでなあ。だから、私は「ハト派」と思われてるけれども、「安倍さんが任期延長する」ということは、中国にとっては、日本のディフェンスがいちばん固くなることを意味するからね。

綾織　なるほど。

二階俊博守護霊　でしょう？　だから、もしも政権交代だとかで、弱い人が上がってきたら、(中国は) なめてくるでしょう。「安倍さんの任期が延びる」っていうのは、北朝鮮《きたちょうせん》にだって中国にだって、日本の断固たる意志を示すことになるじゃないですか。

私らは、ご機嫌《きげん》取りするぐらいは〝お茶の子さいさい〟ですから、いくらでもご機嫌取りますけどねえ。

綾織　ということは、「任期延長をして、国の護《まも》りを固めたい」というお考えですか。

二階俊博守護霊　そうよ。それに、経済的にもだね、「安倍政権が長期化する」ということは、たぶん景気が先行きは上向くことになるわね。「アベノミクス、まだやるぞ！」ということだからな。

アベノミクスの間違《まちが》いは黒田《くろだ》日銀総裁の責任!?

綾織　それでは、経済のところを伺《うかが》いますけれども、「アベノミクス、続くぞ」といっても、もう手がないというか、動きがまったく見えないのです。

二階俊博守護霊　うーん、アフリカに行って、三兆円、撒《ま》いてきたじゃん。ねえ？

●三兆円……　2016年8月27日、ケニアのナイロビで開かれた第6回アフリカ開発会議の基調演説で安倍首相は、今後3年間でアフリカ支援に官民《かんみん》総額300億ドル（約3兆円）規模を投資する方針を表明した。

綾織　まあ、アフリカの人は喜びますけど……。

二階俊博守護霊　アフリカが発展したら、お金が返ってくるかもしらんじゃん。だから、もう貸すところがないからさ、中国に負けんように、さらにまた十兆円ぐらい貸してもええねん。返ってくるんやったらな。

綾織　まあ、外交としては大事だとは思いますけれども……。

二階俊博守護霊　いやあ、安倍政権はねえ、大丈夫ですよ。万全《ばんぜん》ですよ。〝黒田《くろだ》日銀〟が危ないだけで、安倍政権は大丈夫。

綾織　今、黒田日銀総裁は非常に、迷いに迷っています。

二階俊博守護霊　いやあ、最後は日銀総裁の首を替《か》えたら、そんで終わりだから。安倍政権は盤石《ばんじゃく》です。大丈夫ですよ。

だから、安倍政権、アベノミクスの間違《まちが》いを全部、黒田さんに、責任持って〝あの世に逝《い》って〟もらいますから。

綾織　「アベノミクスの間違い」なんですね。

二階俊博守護霊　いや、いや、(間違いが) 出てくればね?

綾織　いえ、いえ、いえ。

マイナス金利政策に続き、追加の金融緩和を発表する日銀の黒田東彦《はるひこ》総裁(2016年7月29日撮影)。

二階俊博守護霊　「黒田の手腕《しゅわん》がちょっと問題になった」ということで、〝逝って〟もらえばいいわけですから。

綾織　アベノミクスの間違いを、黒田日銀総裁の責任にすると……。

二階俊博守護霊　「間違い」というか、黒田が指南したわけだからね。

綾織　「黒田さんが方向性を示し、実行していった」ということですか。

二階俊博守護霊　うん。「黒田さんが、幸福の科学総裁補佐《ほさ》の大川紫央《しお》さんの進言を受け入れて、ああいうふうにやっとるんだ」っていうことに、今、なっとるからなあ。

綾織　それは、つながりがよく分からないのですが……（苦笑）。

二階俊博守護霊　それはそうでしょう。それはそうだ。

斎藤　例えば、最近のリニアモーターカー等の政策も、当会からの発信によって、そういう影響《えいきょう》があったのですか。

二階俊博守護霊　それはもう、いろいろ入ってくるわなあ。だから、おたくが「（リニアを）使え、使え」言うからさ。「今は新幹線の新型がいっぱい走っとるのを、これまた全部廃車《はいしゃ》にするんかいな」って、こっちも心配はあるんだよなあ。

ほんとにええんかね？　新幹線と、あと、飛行機会社は、この前潰《つぶ》れて再建したところやけど、あれも危ないんだろうけど、いいんかね？　ほんま。君ら、責任取ってくれるんやったら、そっちで行くけど。

「憲法を変えずに、大統領制をやる」

綾織　アベノミクスで、今後、何をやっていきたいと思われていますか。

二階俊博守護霊　いや、それを訊《き》きに来たんじゃない。何言ってるの？

綾織　あっ、訊きに来た……（苦笑）。ああ、それも目的の一つなんですね。

斎藤　「アベノミクス第三の矢」というのは、いったいどう考えているのでしょうか。

二階俊博守護霊　もう分からんようになったからさ、君らが何か言うてくれよ。何したらええねん？　次。

斎藤　（苦笑）

二階俊博守護霊　ええ？　だから、安倍さんは頭下げて訊けんからさ、わしみたいにプライドの低ーい人間がさ、訊きに来てやっとるねん。ねえ？　おじいさんがさ、七十七にもなって全然分からんので。

なんか、「安倍マリオ政権」とか言われても、何のことを言うとるんか、私にはさっぱり分からんね。何言うとんだ、あれ。うん？

斎藤　あれですか？　安倍首相は、リオオリンピック閉会式で、ゲームの「スーパーマリオ」というキャラクターを模《も》して、登場されました。

二階俊博守護霊　わしが、そんなの分かるわけないじゃん。

斎藤　「そのためだけに行った」ということでもないのですけれども、そういうことまでして、二〇二〇年の東京オリンピックまで延命したいということは、よく分かりました。

二階俊博守護霊　それは、「（東京オリンピックの）開会式をやって、経済効果・投資効果を出して、オリンピック景気を拡大して、その間ずうーっと（政権に）いたい」っていう意思表示があるなあ。

斎藤　「そこまで延命したい」ということですね。

綾織　すごく伝わってきました。

二階俊博守護霊　それは、そうだ。「大統領制」に変わるんや。君らが言う「大統領制」をなあ、憲法を変えずにやってしまうのよ。

綾織　ああ、なるほど。

二階俊博守護霊　できる。安倍政権は、基本的には法律で全部やっちゃう。

4 次々と消されていく「ポスト安倍《あべ》」

「安倍政権には後継者《こうけいしゃ》がいない」と言い切る二階氏守護霊

綾織　もちろん、長期政権はいいのですけれども……。

二階俊博守護霊　いいな？　いいんだな？　編集長がそう言ってる。

斎藤　ちょっと待ってください（苦笑）。

二階俊博守護霊　編集長が「いい」って言ってる。

斎藤　いや、「いい」というか、仮定法として、「そういうことをやるとしたら、どうなるのか」ということですね。

綾織　問題は「何をやるか」ですよ。

斎藤　ええ。ご本心を明かしていただければと思います。

綾織　単に、政権が長く続くだけでは……。

二階俊博守護霊　いや、後継者《こうけいしゃ》がいない。後継者が全然いないからな、しかたないじゃない。後継者がいないから、もうやり続けるしかない。

綾織　後継者がいないのですね。

二階俊博守護霊　だから、天皇が八十二で引退するって言うとるのに、安倍《あべ》さんはまだ二十年あるからさ。

綾織　二十年？

斎藤　ええっ!? 二十年ですか。

二階俊博守護霊　八十二で生前退位するんだとしたら、二十年はまだある。

斎藤　そんなに長く延命を考えているのですか。

綾織　二十年の政権をつくる……。

二階俊博守護霊　そらあ、大丈夫《だいじょうぶ》でしょう、私が七十七だから。まだこれから幹事長やからね。もしかしたら、九十を超《こ》えて総理になるかもしらんわけやからさ。それを考えれば、あなた。

斎藤　〝希望〟に溢《あふ》れたご発言ですね。

綾織　さすがに、それはないと思うんですけれども。

二階俊博守護霊　もう〝老人一億総活性化〟やからね、この内閣はね、君たち。安倍さんは、まだまだ八十二までは現役《げんえき》ですよ。

目指すは安倍《あべ》首相の「終身制」か

綾織　「後継者がいない」というお話がありましたけれども。

二階俊博守護霊　うーん、二十年したら、小泉進次郎《こいずみしんじろう》だって五十代になるだろう？

綾織　ああ、なるほど。

二階俊博守護霊　みんな、やっと大臣ができる。

綾織　今のところ、「後継者ではないか」と言われているのは、岸田文雄《きしだふみお》外務大臣、あるいは石破茂《いしばしげる》さん……。

二階俊博守護霊　君ら、最近、なんであんな〝意地悪《いじわる》〟するの？

綾織　はい？

二階俊博守護霊　岸田に意地悪したじゃん。

綾織　いえ、いえ、意地悪というか……。

二階俊博守護霊　せっかくのホープやのに、なんで意地悪するの？

斎藤　それに関しては、『岸田文雄外務大臣　守護霊インタビュー　外交　そしてこの国の政治の未来』（前掲《ぜんけい》）という霊言集《れいげんしゅう》が、「『ポスト安倍《あべ》』にもっとも近い政治家と噂《うわさ》される、その実力を見抜《みぬ》く。」ということで発刊されておりますが。

二階俊博守護霊　なんか、「後輩《こうはい》」と称《しょう》する人が「先輩をいじめてる」っていう、すっごい悪いことをしてるやないか。

斎藤　（苦笑）

綾織　まあ、岸田外務大臣の守護霊は、正直にお話ししてくださったんだと思います。

斎藤　ただ、その際、「岸田ドクトリンとして、どのような方針を持っていますか」という質問がありまして、そのときに……。まあ、あとで、この話題をもう一度振《ふ》ってしまうかもしれませんが、「対中関係には、ゼラチン状のグニャグニャした外務大臣が必要だ」ということを守護霊はおっしゃっていました。そういう信念、潜《せん》在《ざい》意識をお持ちだったんですね。

やはり、地上の岸田外務大臣ご自身も、「親中派」ということになっているのかもしれませんが、そうした発言も、どうなのかなとは思います。

二階俊博守護霊　長い長い政治経験のなかで、そんなに自分のことを謙虚《けんきょ》に言う人は見たことがないわ。素晴《すば》らしすぎるわあ。中国も返す言葉がないでしょう、それは。〝ゼラチン状の外務大臣〟に言われたら、どう言うたらええやら分からん。

綾織　（笑）

二階俊博守護霊　分からんでしょう。

立木　ただ、最近の世論《よろん》調査では、たび重なる中国の領海侵犯《しんぱん》等を受けて、「もう少し中国に対して、強硬《きょうこう》に出るべきだ」という意見のほうが多くはなってきているんですけれども。

二階俊博守護霊　いやあ、それは岸田さんみたいな人が、ええクッションなんですわあ。あと、何だか〝ほにゃほにゃ〟してるうちに、向こうは毒気《どくけ》を抜かれていくから。

立木　ただ、こういう方がそのまま首相になってしまうと、日本としては……。

二階俊博守護霊　いや、なれへんな。安倍さんが八十二までやるから大丈夫よ。

立木　ああ、そういう前提なわけですか。

二階俊博守護霊　とりあえず、九年。さらに、またもう一回ダブルで、（ロシア大統領の）プーチンさんと競争して、「終身制」に持っていくから。

斎藤　終身制まで持っていくつもりですか。

二階俊博守護霊　それはそうや。

綾織　確かに、その意味では、後継者と目《もく》される人が……。

二階俊博守護霊　必要ない。全然、必要ないわけよ。

綾織　必要ないわけですよね？

二階俊博守護霊　まったくない。

「後継者《こうけいしゃ》」と目《もく》される稲田朋美《いなだともみ》防衛大臣について語る

綾織　まあ、小池百合子《こいけゆりこ》さんも、「これは駄目《だめ》だ」ということで……。

二階俊博守護霊　小池さんは、もう厚化粧《あつげしょう》が通用せんような時代が来るわな、やがてなあ。

綾織　そこは、コメントできませんけれども。

二階俊博守護霊　しなさい！（会場笑）

綾織　（苦笑）

二階俊博守護霊　しなさい。憎《にく》まれるから。

斎藤　（笑）いや、分かりませんよ。

綾織　小池さんは、「自民党のなかにいては、もう芽がない」ということで、今回、都知事選に出られたわけですけれども。

二階俊博守護霊　八十二歳《さい》の小池さんとか見たいか？　八十四歳かもしらんな。

斎藤　いや、美しいお姿かもしれません。

綾織　イギリスのマーガレット・サッチャー元首相のようになるかもしれません。

二階俊博守護霊　オードリー・ヘップバーンの晩年を見たことあるか？　えぇ？

斎藤　ユリのように美しいんじゃないでしょうか。

二階俊博守護霊　「見たくなかった」と言う人もいるでなあ。渡部昇一《わたなべしょういち》先生か誰《だれ》かも、そうおっしゃっとる。「オードリー・ヘップバーンの最後の晩年の映画は観《み》たくなかった」とおっしゃってる。

綾織　オードリー・ヘップバーンは、生涯《しょうがい》現役で活躍《かつやく》されていたと思います。

それはさておき、後継者《こうけいしゃ》の話なんですけれども、例えば、名前が挙がっている人としては、防衛大臣の稲田朋美《いなだともみ》さんがいます。

二階俊博守護霊　ああ、稲田さんは、今ね、眼鏡《めがね》を選んでるところだからさ。

斎藤　ちょっと、それは……（苦笑）。

綾織　まあ、「メガネ ベストドレッサー」ということで、賞をもらっていましたが（注。稲田朋美氏は、二〇一三年の「第26回 日本 メガネ ベストドレッサー賞」において、政界部門を受賞した）。

二階俊博守護霊　ゆっくりやっとるところや。まだまだ、そんなに急いでないから。

綾織　ああ、そうですか。

記者の質問に答える稲田朋美防衛大臣（2016年8月24日撮影）。

二階俊博守護霊　うん。おばあちゃんになってからで十分ですよ。若すぎるわな、まだな。

綾織　まだ若いですか。

二階俊博守護霊　うん。

綾織　今、安倍さんも、育てているところだと思いますけども。

二階俊博守護霊　うーん。

小泉進次郎《こいずみしんじろう》氏の今後の処遇《しょぐう》を訊《き》く

立木　「三期九年を超えて、さらにまだ安倍さん」ということで、「そのためには後継者はいなくていい」というお話ですけれども。

二階俊博守護霊　いやあ、私はそら、そのときには幹事長を終わるかもしらんけど、「さらに再延長」を言うた人が幹事長になれるやろうね。

立木　安倍さん自身にとっては、それがよかったとしても、万が一、安倍さんに何か起こった場合とかを考えますと、やはり、後継できる方が、たくさんいらっしゃったほうがいいのではないでしょうか。

二階俊博守護霊　「安倍さんに万が一」ってね、前、死にかけて、また復活したんや。安倍さんは、日本のイエス・キリストみたいなもんやから、もう一回「復活」するんよ。そら大丈夫なんだ。

立木　いやあ、でも、再び、倒《たお》れられるかもしれませんので。

二階俊博守護霊　もう一回「復活」すればいい。その間に、薬が進化するから大丈夫なの。〝安倍新薬〟を、今つくってるからさ。〝安倍さん用新薬〟をつくってる。

立木　ただ、国家の利益を考えますと、やはり複数の後継者がいらっしゃったほうがいいと思います。

二階俊博守護霊　要《い》らない、要らない。全然要らない。そういう争う人は全部、切っていくのがいちばんよろしい。

斎藤　小泉進次郎《こいずみしんじろう》さんなんかは、人気はありますけれども、やや左遷《させん》型の配置になっております。

二階俊博守護霊　親父《おやじ》（純一郎氏《じゅんいちろう》）が死んだら終わりよ。

斎藤　最近、彼は、微妙《びみょう》な発言もされていますけれども。

二階俊博守護霊　親父が暴《あば》れるたびに息子《むすこ》の点数が減っていって、だんだんに〝島流し〟に遭《あ》うんだよ。

そら、石原《いしはら》のところと一緒《いっしょ》さ。石原の親父（慎《しん》太郎《たろう》氏）が悪いことを言うたびに、息子（伸晃氏《のぶてる》）の点数が減っていってなあ、かわいそうに。親父がもし、石原慎太郎が死んどったらなあ、息子だって、総理になる芽はあったのにさあ。親父が長生きしたために、なれんようになってもうた。

内外情勢調査会で講演する自民党の小泉進次郎農林部会長（2016年8月25日撮影）。

綾織　ただ、それなりに気骨《きこつ》のあるところもあって、この「任期延長問題」についても……。

二階俊博守護霊　誰が気骨がある？

綾織　小泉進次郎さんですね。

二階俊博守護霊　あー、何か言うた？

綾織　ええ。任期延長について、「今、議論すべきことなのか」と、「今、やるべきことなのか」ということで、反対の意見を述べられています。

二階俊博守護霊　じゃあ、「次、もっと干《ほ》されたい」って言ってるんじゃないの？

斎藤　（笑）やっぱり、若手とかはあれですか。抑《おさ》え込《こ》むほうですか。

二階俊博守護霊　まあ、〝西之島《にしのしま》担当大臣〟とか、いいかもしらんなあ。

綾織　（苦笑）西之島？　狭《せま》いですね。

二階俊博守護霊　あれが大陸になるまで住み続ける。うーん。
石破茂《いしばしげる》氏に対する〝内閣の方針〟を明かす

綾織　そういうふうに、後継者をどんどん〝消して〟いって……。

二階俊博守護霊　そら、当然でしょう。やっぱり、安倍さんの思いを立てて。安倍さんが九年なんかで満足するわけないじゃないですか。

綾織　石破《いしば》さんが、次に向けて、すごい意欲を示してますけれども、どうなんですか。

二階俊博守護霊　いや、石破さん、もういなくなってますから大丈夫です。

綾織　もう、いない？

二階俊博守護霊　ええ。「オリンピックまでには消す」っていうのが、基本的に、〝内閣の方針〟ですから。

衆院地方創生特別委員会で答弁する石破茂地方創生担当相（当時）（2016年4月26日撮影）。

綾織　消す？　おお！

斎藤　ちょっと待ってください。「オリンピックまでに消す」というのが〝内閣の方針〟なんですか。

二階俊博守護霊　ええ。それまでに安倍人気で〝消し込む〟というのが、もう、基本方針です。

だいたい顔を見ても、人気の出る人じゃないでしょ。強面《こわもて》してねえ。そして、暗いことしか言わないじゃない。後ろ向きのことしか言わないので。「防衛のエキスパート」みたいなことを言って、ほんとは逃《に》げまくりやん。駄目ですよ、ああいう人は。ああいう人は駄目ですよ。ええ、オリンピックまでには消します、完全に。

綾織　なるほど。

二階俊博守護霊　それは私じゃない。菅《すが》さんの仕事やから。

小池百合子《こいけゆりこ》・新都知事を〝抱《だ》き殺す〟

斎藤　その、内々《ないない》の〝消す〟というのは、何て言うんですか、〝水面下〟での内閣の方針決定みたいなのは、もちろんあるとは思いますけれども。

二階俊博守護霊　うん。

斎藤　そういう策は、いっぱい張り巡《めぐ》らされているのですか、さまざまに。

二階俊博守護霊　何それ？　張り巡ら……。

斎藤　いえいえ。だから、小池百合子《こいけゆりこ》・新都知事とか、石破さんとか、小泉進次郎さんとかへの対応というのは。

二階俊博守護霊　いや、小池さんと私は仲ええのよ、ほんまにねえ。いやあ、もう一回、結婚《けっこん》してもええかいなと思うぐらい、仲ええのよ。

斎藤　（笑）

綾織　確かに今回も、都知事選後に、仲直りというか、関係修復を行いました。

二階俊博守護霊　うーん、小池さんを、もう、どうやって〝抱き殺《だ》す〟かっていうことは、それは今、仕事中の仕事やからな。

斎藤　抱き殺す？

綾織　〝殺して〟しまうんですね。

二階俊博守護霊　いやあ、もう、二度と国政に復帰したくなくなるほど、ドロドロに〝溶《と》かして〟しまわないかんかんからねえ、ほんとに。

綾織　なるほど、そういう役割なんですね。

斎藤　どういうことをされるんですか。「嫌《いや》がらせ」と言ったら変ですけど。

二階俊博守護霊　築地《つきじ》移転問題ぐらいで、もうあのへんで、魚屋さんに包丁《ほうちょう》を持っ

●築地移転問題　東京都中央区築地にある築地市場の老朽化などから、東京都は、2001年、江東《こうとう》区の豊洲《とよす》市場への移転を決定。移転先の地下水汚染問題や反対運動などがありつつも、豊洲市場は今秋11月に開場する予定であったが、2016年8月31日、小池百合子新東京都知事は移転延期を表明した。

て追いかけ回されたりしたら、事件になって面白《おもしろ》いんちゃうかなあ。

綾織　なるほど。

二階俊博守護霊　魚屋さんがいっぱい追いかけるっちゅうのは、〝いい感じ〟やなあ。あと、地上げ業者とか、ゼネコンとか、そういう、道路関係のやつとか。豊洲《とよす》の人たちも、筵旗《むしろばた》揚《あ》げて行進したりすると、すごく面白くなるねえ！　都政が面白くなる。

築地市場の豊洲新市場移転延期について記者会見する東京都の小池百合子知事（2016年8月31日撮影）。

5 政界で長生きする秘訣《ひけつ》は〝ヌメリ〟にある!?

菅官房長官《すがかんぼうちょうかん》を護《まも》っている〝ヌメリ〟とは

斎藤　この前、菅官房長官《すがかんぼうちょうかん》の守護霊をお呼びしたのですが（前掲《ぜんけい》『菅官房長官の守護霊に訊《き》く　幸福実現党〝国策捜査《そうさ》〟の真相』参照）、そのときに聞いた彼の政治哲学《てつがく》として、もちろん一つは、「安倍《あべ》政権の延命」というものを掲《かか》げました。

二階俊博守護霊　うん、そらあそうだ。

斎藤　そして、もう一つ、「『利用しつつ、利用されつつ』というのが政治なんだよ」と、すごく特徴《とくちょう》的なことを発言されました。

二階俊博守護霊　誰《だれ》が言うてるんだ、そんなこと。

斎藤　いや、だから、「利用しつつ、利用されつつ」と……。

二階俊博守護霊　そんなこと、菅さんが言うわけないっしょ。菅さんが、そんなこと言うわけないよ。

斎藤　え？　じゃあ、ほんとはどう言うんですか。

二階俊博守護霊　菅さんは、言葉選びはもっと巧《たく》みだから、そんなことは絶対に言わない。それは違《ちが》う。そんなことは言わない。

斎藤　じゃあ、ほんとはどうなんですか。

二階俊博守護霊　そんな、「利用しつつ、利用される」なんていう……。いや、違う。「利用されつつ、利用する」？　そんなこと、菅さんは絶対言わないよ。賢《かしこ》い人やから、そんなことは絶対ない。それはないわ。

斎藤　はああ……。じゃあ、ほんとは、どうなんですか。

二階俊博守護霊　誰が言うたの？　それ。

斎藤　いや、菅官房長官の守護霊が。

二階俊博守護霊　言うわけないじゃん、菅さんがそんなこと。言うわけない。言うわけない。あの人は、そんなことは絶対言わない。

斎藤　そうですか。じゃあ、「利用するだけ」ですか（笑）。

綾織　まあ、守護霊さんは、それなりに正直に、そんなことをお話しくださったと思います。

二階俊博守護霊　いやあ、あの人は、そういうことは言わない。それ、誰？　大川さんが言ったの？　ほんと。

斎藤　いや、これは、ちゃんと本人の霊が言ってましたよ。

二階俊博守護霊　ええ？　（霊言《れいげん》を）大川さんで、やった？

斎藤　いやいや。これは、菅官房長官守護霊の意見です。

二階俊博守護霊　いや、それは大川さんが言うた？　通して言うた？

斎藤　いや、これはですねえ、あるチャネラーを通して言ってました。

二階俊博守護霊　あ、それは（チャネラーの）性能が悪いわ。

斎藤　（笑）

二階俊博守護霊　そんなこと、絶対言わんから。その人（チャネラー）の語彙《ごい》が、それは足りんのや。うん。そんなこと、菅さんは絶対言わん。

斎藤　では、菅さんが言うとしたら、どんな感じですか。

二階俊博守護霊　菅さん？

斎藤　はい。

二階俊博守護霊　「政治というものは、持ちつ持たれつの関係です」と、こう言うはずです。

綾織　なるほど。

斎藤　ああ……、「持ちつ持たれつ」。

綾織　オブラートに包むと、そうなるんですね。

二階俊博守護霊　うん。そう言います。そんな、「利用したり、されたり」なんて、そんな言葉は使うわけがない。絶対に使わない。

斎藤　「持ちつ、持たれつ」。

二階俊博守護霊　彼は、そこが「強み」なんだから。それが強いから、今、長くやれてるんで。

そんな、「利用し合う関係」みたいなことは絶対言わない。「持ちつ持たれつなんですよ」とか、あるいは、「時流を読むことも大事ですよ」とか、そういう言い方をしますから。

斎藤　昼行灯《ひるあんどん》的な、何かボーッとした感じで？

二階俊博守護霊　そーう。何かねえ、ちゃんとそういう〝ヌメリ〟がなかったらね、ウナギは生きていけないいんですから。

斎藤　〝ヌメリ〟ですね？

綾織　ああ、ああ。ウナギですか。

斎藤　（笑）〝ヌメリ〟が大事。

二階俊博守護霊　うーん。ヌメリが大事。ヌメリはね、要《い》らないように思われてるけど、そうじゃない。体を護《まも》ってるんでねえ、ヌメリが。

綾織　確かに、何となく、ウナギっぽい雰囲気《ふんいき》が……。

二階俊博守護霊　私じゃないよ。

綾織　あっ、そうなんですか。

二階俊博守護霊　私の話じゃないからね、間違わないように。

岸田文雄《きしだふみお》氏が外務大臣を務められる条件

斎藤　まあ、そういう〝あれ〟ですか。今、政権の延命に向けまして、後継者《こうけいしゃ》の話も出てましたけれども、何て言うんですか、突出《とっしゅつ》しないというか、わりと、「ダラダラ」と言ったら変ですけれども、そんな感じを受けるんですが……（笑）。

二階俊博守護霊　いや、君ねえ、やっぱり編集の者《もの》としては、「言葉選び」を、もうちょっと気をつけないと。

斎藤　（苦笑）いや……。

二階俊博守護霊　わしみたいな年寄りは、もう頭が脳梗塞《のうこうそく》寸前やから、それは間違いはあるけども。君みたいな若いのにそれやったら、中年でコロッと逝《い》くタイプになるよ。

斎藤　（苦笑）また嫌《いや》なことを平気で言う……。ちょっと、人を幸福にすることを言ってください。

二階俊博守護霊　ええ。

斎藤　ところで、また、この前、岸田《きしだ》外務大臣の守護霊をお呼びしたときには、こんなことを言ってました。

「エッジの効いた政策を出すよりも、切れないのがいちばん」ということで、「エッジが効いて、切れちゃいけない。切れないのがいちばんなんだ」というふうに言っていたんです（前掲『岸田文雄《ふみお》外務大臣 守護霊インタビュー 外交 そしてこの国の政治の未来』参照）。

二階俊博守護霊　岸田さんがねえ、そんなことを言うわけないでしょう。

斎藤　（笑）また、そんな否定ばかりして。

二階俊博守護霊　岸田さんが、あの学力でね、「エッジの効いた政策」とか、そんな気の利《き》いた言葉を言えるはずがない。

斎藤　（笑）じゃあ、どう言うんですか、岸田さんは。

二階俊博守護霊　それはねえ、それは、誰が言うたの？

斎藤　いや、これは、もちろん、（岸田外務大臣の）守護霊を入れた大川隆法総裁先生です。

二階俊博守護霊　ああ、それはねえ、大川先生は英語できすぎや。岸田さんには、その言葉は使えない。

斎藤　「エッジ」という単語は出ない？

二階俊博守護霊　うん、うん。そんな難しい単語をね、岸田さんが外務大臣で……。

斎藤　本当は、どう言うんですか、「エッジ」じゃなくて。岸田さんだったら。

二階俊博守護霊　ええ？　岸田さんだったら何て言うか？

斎藤　はい。

二階俊博守護霊　うーん……、「よく考えた政治をする」、うん。

斎藤　ああっ、「よく考えた政治」（笑）。

二階俊博守護霊　うん。そう、そう。

綾織　（笑）何のことだか、よく分かりませんね、それは。

二階俊博守護霊　ええ……。「エッジの効いた政治」って、そんな言葉は使えない。

斎藤　なるほど。「エッジの効いた政治じゃ駄目《だめ》だ」と。要するに、「切れちゃ駄目だ」と。

二階俊博守護霊　エッチ？　ああ、「エッチな政治」っていうのは分かる。「エッチな政治」っていうのは分かる。

綾織　（笑）それも分かりません。

二階俊博守護霊　「田中角栄《たなかかくえい》型の政治」っていうことやからな、それは。片方でお尻《しり》をなでながら、片方で金を集める。これが田中角栄型の「エッチの効いた政治」。それはそうだ。

綾織　なるほど（苦笑）。

二階俊博守護霊　だけど、岸田さんには、そんな英語は使えないから。それは、さっきのチャネラーと逆で、大川さんに入ったら、外務大臣として英語がすごくできるように見えてるんで、それは間違いですね。

斎藤　ああ、外務大臣だけど英語はできない？

二階俊博守護霊　できない。全然できない。安倍さんよりできたらクビですから。

斎藤　ああ……、やっぱり！　能力が低くないと登用されないんですね。

二階俊博守護霊　安倍さんより英語ができないように見せないかぎり、外務大臣なんて絶対務まらないんですから。

綾織　なるほど。

二階俊博守護霊　実際、そんな「エッジの効いた」なんて、そんなこと言ったら安倍さんが嫉妬《しっと》するじゃないですか。

いやいや、嫉妬はしないけど、面白《おもしろ》く思わないじゃないですか。

綾織　ああ……。そういう体制なんですね？　今。

二階俊博守護霊　そうですよ。私なんかに嫉妬する人いないもん、全然。

綾織　まあ、確かに……。

二階俊博守護霊　誰も嫉妬してくれないもん。ああっ、菅さんがちょっとね、私に対して学歴コンプレックスを持ってるかもしれないけども。中央大学を出てるからね、何せ、私はね。

政界で長く生き延びる秘訣《ひけつ》は「顔」

立木　ただ、「いったん、自民党を離党《りとう》された方が、復帰されて幹事長になる」っていうのは、これはかなり異例といいますか、石破《いしば》さんに続いて、また特殊《とくしゅ》なケースになりますけど……。

二階俊博守護霊　いやあ、向こうが「ウナギ」なら私は「ナマズ」みたいなもんだからさ。まあ、それは、しぶといよねえ。
政界なんて、右から左まで一緒《いっしょ》だから、中身はほんとは。

綾織　ぜひ、お伺《うかが》いしたいんですけれども、二階幹事長は、複雑な永田町《ながたちょう》を生き延びていらっしゃいました。「自民党にいて、外に出て、新進党のなかで活躍《かつやく》されて、そこから紆余曲折《うよきょくせつ》を経《へ》て、また自民党に戻《もど》ってきて幹事長になる」というのは、これは前例のない、極《きわ》めて異例の道筋《みちすじ》を通っています。

二階俊博守護霊　うーん。

綾織　守護霊さんとして、ご自身が政治家として大切にされてきていることというのは、何かあるんでしょうか。

二階俊博守護霊　うん？　政治家として？

綾織　はい。

二階俊博守護霊　そらあねえ、君ねえ、やっぱり徳島の方向に向かって、毎日、拝《おが》むんや。

綾織　（笑）ああ。

二階俊博守護霊　「ありがとうございます。今日も幹事長をやらしていただいてありがとうございます」と、もうねえ、聖地《せいち》・徳島に向かって、和歌山から拝むんは大事なことや（注。大川隆法は徳島県出身）。

綾織　まあ、そういう気配りもできるということですね。

二階俊博守護霊　うーん。何も言えんだろうが。ハハ（笑）。

斎藤　それは、「敵をつくらない」ってことですか？

二階俊博守護霊　いや、そんなことはない。敵はできますよ。ただ、〝ヌメリ〟をつくって、適当にそれはかわしていくことが大事。

斎藤　その〝ヌメリ〟の奥義《おうぎ》という点ですが、政界で今まで延命され続けてきたなかで、どんなところに「気を配る」ということが、いちばん大事ですか。

二階俊博守護霊　中国共産党だって、私を捕《つか》まえることはできないぐらいヌメるし、朴槿恵《パククネ》さんだって捕まえられないし、金正恩《キムジョンウン》だって捕まえられない。

斎藤　具体的には、どんなところに配慮《はいりょ》されているんですか。

二階俊博守護霊　やっぱりねえ、本当に、この「顔」ですよね、まずね。

斎藤　顔!?

二階俊博守護霊　うーん。顔がね、もうほんと……。

斎藤　顔ですか。意外な点ですけれども。ヌメリとどう関係があるんですか、これは。

二階俊博守護霊　「百年は生きたオオサンショウウオ」みたいな顔してるでしょう。

斎藤　（笑）「相手に油断させる」ってことですか。

二階俊博守護霊　（綾織に）いや、あんたも長生きしたら、同じ顔になるよ。

綾織　いや、そう……なるかもしれませんね、確かに。はい。

二階俊博守護霊　やっぱり、顔が、まず嫉妬されないのがいちばん大事な……。

斎藤　顔を崩《くず》すんですか、わざと？

二階俊博守護霊　あのね、本来二枚目に生まれることはできたのにね、あえて何段か引いて生まれてんだよ。

斎藤　ははあ。つまり、自分の顔を意識的に崩しながら、他人《ひと》への影響《えいきょう》を与《あた》えない？

二階俊博守護霊　「崩す」って言葉は、少ーし響《ひび》きが悪いですね。

斎藤　（笑）いやあ、自発的な意志で、（自分が地上に生まれる際の）計画をいじりながら……。

二階俊博守護霊　いや、何て言うか、〝遠慮しつつ〟生きてるわけよね。

斎藤　はあ。

二階俊博守護霊　だからねえ、政界で男前とかいうのは、小泉進次郎《こいずみしんじろう》なんかそうだけど、「男前」と言われて、だいたいもう出世することないからね。駄目なの。絶対駄目なのよ。

「本心を見せない」ことが、政界に入る第一関門

斎藤　続いて、〝ヌメリ〟の奥義の第二段は何かありますか。

二階俊博守護霊　え、何？

斎藤　ヌメリの第二段では、何か、「顔を意識的に崩しながら、嫉妬されないようにする」っていうもののほかには……。

二階俊博守護霊　うーん。

斎藤　先ほど、「配慮」っていうのがありましたけど。

二階俊博守護霊　ああ、やっぱり「黒子《くろこ》に徹《てっ》する気持ち」は大事ですねえ。

綾織　ああ、なるほど。

斎藤　黒子に徹する気持ち？

二階俊博守護霊　だから、歌舞伎《かぶき》じゃないわ、阿波《あわ》の浄瑠璃《じょうるり》をやってるときに、後ろに〝黒い〟のが動いてるじゃないですか。

斎藤　ああ、はい。

二階俊博守護霊　あれは、誰が動かしてるかは感じさ

浄瑠璃で人形を遣う黒子《くろこ》たち。

せないところが大事で。誰が動かしてるかが見えたら駄目なんですよ。

綾織　確かに、黒色の被《かぶ》りものがすごくお似合いな感じがしますね。

二階俊博守護霊　うーん、黒子ね。「黒子能力」っていうのは、けっこうねえ、政界においては難しい能力なんですよ。黒子をやりながら、ナンバーツーまで行くんでね。

斎藤　「黒子をやってナンバーツー」というのは、すごく珍《めずら》しいとは思うんですけど。

二階俊博守護霊　まあ、〝行ける〟んですけど、上手に黒子の腕《うで》を上げていかなきゃいけないから。

斎藤　その黒子の「腕の上げ方のポイント」は、どんなところに注意すればいいんですか。

二階俊博守護霊　ええ？　腕の上げ方のポイント？

斎藤　はい。

二階俊博守護霊　それはねえ、「本心を絶対見せない」ことですよ。

綾織　ああ。なるほど。

斎藤　はああ。本心を見せない、一切《いっさい》。

二階俊博守護霊　うん。本心を見せないこと。

斎藤　なぜ、見せないんですか。

二階俊博守護霊　警戒《けいかい》されるから。

斎藤　警戒されるから？

二階俊博守護霊　だから、君らを見ててね、種族《しゅぞく》的に君ら〝幸福の科学種族〟、一族は、本心が見えすぎるから。舌鋒《ぜっぽう》が鋭《するど》くて本心が見えすぎるから、政界に入る第一関門が通れないんだよ。

綾織　ああ。そこが「第一関門」なんですね。

幸福実現党の候補者を批判する二階氏守護霊

二階俊博守護霊　うーん、だからね、「ヌメリ」とかあると、そういう何て言うかね、「黒子」とか……。

綾織　うーん。

二階俊博守護霊　（立木に）君、そういう教育をね、塾《じゅく》でやっとらんだろうが。

立木　ええ、今のご意見をいちおう、参考にさせていただきます。

二階俊博守護霊　両方とも、君、落ちるだろう。「ヌメリ試験」にも落ちるし、「黒子試験」にも落ちる。

立木　いや、そうかもしれませんけど。

二階俊博守護霊　もう、そのとおりだろう。パッチンコ、駄目だろう、そらねえ。

綾織　確かに、そういう人材は、必要といえば必要ですね。

二階俊博守護霊　いや、そういう人しかいないんだよ。

綾織　ああ、そういう人しかいない？

二階俊博守護霊　長く生きてる人はね。

綾織　ああ、なるほど。

二階俊博守護霊　短い人は違うよ。人気があるときにちょっと輝《かがや》いて消える人は、いっぱいいいるからね。でも、「プリンス」とか、あんまり早く言われると、〝消される〟世界ではあるからねえ。

斎藤　しかし、それで真実ってものが見えなくなることはないんですか。

二階俊博守護霊　え？　どういうこと？

斎藤　いや、だから、「誠実さ」とか、例えば、「誠」とか「真実」とか、そういうものです。

二階俊博守護霊　誰に対して誠実なの？　誰に対して真実なの？

斎藤　いや、「国民に対して誠実」とか、そういうのが、あまりにも黒子になりすぎて何段階も答えがあると、分からなくなってくるじゃありませんか。何が正しいか、何が間違っているか。

二階俊博守護霊　国民に対して誠実ですよ。私は、「自分を自己像よりも大きく見せよう」なんて全然思ったことがないもん。誠実に生きてますよ。

斎藤　ああ、そういう意味では、誠実かもしれませんけれども（苦笑）。ただ、はっきり言わないのは、失礼じゃありませんか。

二階俊博守護霊　君たちのねえ、和歌山から出る人なんかさ、「私が当選したら地《じ》震《しん》が起きません」とか言うじゃない。

私はそういう人とは違うわけよ。君たちの立候補者は全然、誠実じゃないよ。ねえ？　総裁が言うのはいいよ。「私がこうなったりした場合は地震は起きません」って言ったら、それは、「そういう偉《えら》い方かいなあ」と、みんなも思うとるからさ、それはいいけど。

和歌山の立候補者あたりがさ、「私が当選したら、和歌山には地震は来ません」とか、これはやっぱり誠実でないやん。君ら、教育間違っとるよ。

斎藤　これは、「『自分の実力の範囲《はんい》内で』という生き方をする」ってことなんですか。

二階俊博守護霊　そう思わないか？　塾長。和歌山の立候補者は、「私が当選した暁《あかつき》には、和歌山には地震は絶対来ません」って言うたぞ。

立木　それはちょっと、私は存じ上げないんですけれども。

二階俊博守護霊　わしは聞いとるねん。

立木　ああ、そうですか。

二階俊博守護霊　君は聞いてない。勉強不足や。

立木　ええ、失礼しました。

斎藤　（笑）ちょっと（立木の背中を支えて）根性《こんじょう》入れて答えないと……。

二階俊博守護霊　和歌山情報もちゃんと入ってる。

立木　ただ、「誠実さ」っていうのも、やはり政策の部分で、しっかり……。

二階俊博守護霊　誠実でないじゃない！　君らのその弟子《でし》か？　弟子筋が当選したら、ほんまに和歌山に地震が来ないのかよ。

斎藤　いや、でも、地震は、あれですよ。「起きません」っていうか、もうそのくらい……。

二階俊博守護霊　（斎藤に）あっ、君、また嘘《うそ》ついた。ほら、ほら、編集部も嘘つきや。

斎藤　いやいや（苦笑）、いや、起きませんよ。起きません！　それは言い切ります。

二階俊博守護霊　いや、君のマンションの下でも地震は起きるんだよ。何言ってんだよ。

斎藤　（苦笑）まあ、「起きる起きない」問題で一時間過ぎてしまって時間の無駄なので。

二階俊博守護霊　うん、まあ、いいけど。

6　民意が支持するなら「日本は中国に入る」

安倍《あべ》内閣が進めているマスコミ統制

綾織　ここで、ぜひ、政治家個人のことをお伺《うかが》いしたいんですけれども。

二階俊博守護霊　うーん。

綾織　ご自身が目指していること、実現したいことというのは、何をお考えなんですか。

二階俊博守護霊　いやあ、もうそれはね、私は何者でもありませんので。私はその何て言うか、日本の未来のためにですね、種籾《たねもみ》が落ちて、すくすくと芽を出して大きくなるような、そういう黒土《くろつち》のような存在でありたいと思うておるんでね。

綾織　ほお。

二階俊博守護霊　「自分はもう単なる畑の土だ」と思うとりますよ。百姓《ひゃくしょう》の精神ですね。

綾織　なるほど。「その芽が出て、実がなる」とすれば、それは何なんでしょうか。

二階俊博守護霊　だから、安倍《あべ》さんが今大きく、「大木《たいぼく》」になろうとしてんだよ。

綾織　安倍さんですか。

二階俊博守護霊　ああ、安倍さん。今んとこね、安倍さん。

綾織　今のところ。なるほど。

二階俊博守護霊　うん、うん。

斎藤　ただ、あれですね。今、綾織編集長からの質問に、「どうされたいんですか」ってありましたけど、その姿の将来性のところを見たときに、周りから、「安倍内閣は、もしかしたらネオナチ化してるんじゃないか」というような意見も出ておりまして。

二階俊博守護霊　君ねえ、そんな難しいこと……。

斎藤　「国家社会主義的な芽が内包されていて」……。

二階俊博守護霊　全然ないですね。

斎藤　「それが、現実化しているのではないか」というような批評も出ておりますけれども、いかがですか。

二階俊博守護霊　それはもう、「朝日新聞」の購読者《こうどくしゃ》だけですね、その言葉が通じるのは。あとの人には通じないですよ。それはね、「産経新聞」の購読者になんかまったく通じない。産経の社員なんかね、全部〝ネオナチ化〟してるから。全然分からないですよ、そんなこと言われても。ええ。まったく分からない。

綾織　もしかしたら、それだけ「マスコミ統制」が始まってるのかもしれませんね。

二階俊博守護霊　まあ、朝日でも残留部隊《ざんりゅうぶたい》っちゅうかね、「最後まで籠城《ろうじょう》して、城と共に炎上《えんじょう》して死のう」と思ってる人だけは、そう言い続けるだろうけど。

朝日でも今、切り崩《くず》されてきてるから、朝日からも逃走《とうそう》しようと思ってる連中は、そういうことはもう言わないね。

綾織　安倍政権として、各マスコミを……。

二階俊博守護霊　朝日も二つに割れててね、「安倍政権とちょっと調和を取らないと生き残れないと思ってる朝日」と、「朝日原理主義者」っていうのも頑固《がんこ》に残ってるんで、なかで〝内紛《ないふん》〟は起きとるんだ、今すでにね。

綾織　「それ以外のほとんどのマスコミは、もう切り崩されている」と。

二階俊博守護霊　もう終わってるね。だいたい終わってる。

綾織　だいたい。

二階俊博守護霊　でも、終わってないところは、沖縄《おきなわ》の新聞とかね、ああいうところは終わってない。

綾織　なるほど。

二階氏守護霊が認める安倍《あべ》首相の才能とは

斎藤　そうしたら、「メディア統制」と言われるようなところについては、そうした国家社会主義的な性質もあるかと思いますが……。

二階俊博守護霊　その君の言葉はもう古い。古い、古い、古い、古い。古いんだ！

斎藤　そうですか。

二階俊博守護霊　「国家社会主義」じゃなくて、マスコミがいちばん弱いのは、「民意」に弱いわけよ。私たちは民意を摑《つか》んでいるから、民意がマスコミをお仕置きするわけよ。

だから、民意に逆《さか》らうと部数が減ってきたり、視聴率《しちょうりつ》が落ちてくるから、民意に従わなきゃいけなくなって。結果的にそうなってるわけであって、別に国家社会主義なんか何にも関係ない。

綾織　うーん。

二階俊博守護霊　「安倍《あべ》マリオ政権」とかいって、私にはさっぱり分からんけども、とにかく彼は、「視聴率」を上げ、「支持率」を上げる能力に長《た》けてるわけですから。民意をつくることにも長けているわけで。これをなんかねえ、そんなに「国家社会主義」と言われても。むしろなんか、チャーリー・チャップリンのほうに似てると言うべきではないのかね、国民的人気を博することができる。

綾織　まあ、人気は確かにあるとは思うんですけれども、それを、すべてマスコミを通じて意図的につくり出すところですよね。中身とは別に、いろんなイメージとか……。

二階俊博守護霊　いや、そんなことない、そんなことない。そらあ、君、偏見《へんけん》で、国民はよく見とるんだよ。

安倍さんがね、就任してから世界をね、もう地球をスーパーマンみたいにグルグルグルグル飛び回ってるから。最高よ、首相としてはね。

国内もグルグルグルグルグル回転していて、トンボ帰りしては国会で答弁し、小池《こいけ》知事が当選すると見たら、山梨《やまなし》でゴルフ三昧《ざんまい》して、ちゃんと休みを取って、次に英気をつけるとか……。

綾織　そうですね。まったく出てきませんでした。

二階俊博守護霊　もう、あんな賢《かしこ》い人は見たことがない。あんな行動的な人も見たことがない。

綾織　そうですね。「どう見えるか」っていうことを、ある意味、非常に気にされていて……。

二階俊博守護霊　才能があるんだよ。

綾織　まあ、才能があると思います。

二階俊博守護霊　メディアに勤められるぐらいの才能がある方なんだよな、きっとな。

綾織　ああ、そうですね。「どういうふうに映《うつ》るか」、「どういうふうに報道されるか」、「何が受けるのか」、これは非常に感覚として長けています。

二階俊博守護霊　うーん。君んとこの雑誌（「ザ・リバティ」）は、なんで売れんのだろうねえ。何が抜《ぬ》けてるんだろうね。

綾織　まあ、ご心配いただいて、ありがたいんですけれども。

二階俊博守護霊　おかしいねえ。

綾織　安倍政権の「切り崩し」のなかに入ってないからかもしれませんね。

二階俊博守護霊　いやあ、やっぱり、与党《よとう》の批判をするから売れないんと違《ちが》うか？

綾織　いえいえ、いいところは「いい」と言ってますし、それは、そのときどきで変わります。

二階俊博守護霊　「共産党よりへそ曲がりだ」っていう噂《うわさ》もあるんやで。知ってるか？

綾織　まあ、へそ曲がりでも、「いい曲がり方」と「悪い曲がり方」がありますので。

二階俊博守護霊　「『しんぶん赤旗《あかはた》』のほうは、もうちょっと真《ま》っ当《とう》な批判をするのに、君んとこの雑誌はもーっとマイナーな批判をする」っていう説もあるんだよ。分かっただろう？　売れない理由が。

綾織　まあ、そういうところもあるかもしれませんね。

二階俊博守護霊　だから、国民の心をやっぱり摑んでないんだな。

民意が間違《まちが》ったら、「地獄《じごく》に行くことになっとるんだ」

斎藤　やはり、民意がいちばん大切なんですか。

二階俊博守護霊　民意はすべてですよお。

斎藤　そして人気を取り、支持率を取り、「何が誠実か、何が真実か」を脇《わき》に置いておきながらでも、そちらで「政権の延命」をしたほうが真実なんですか。

二階俊博守護霊　「真実か」って何？　民意が取れるのが真実なんじゃないですか。

何を言ってるんだ！

斎藤　え？　「民意を取れるのが真実」？

二階俊博守護霊　そらあ、民主主義社会においては民意を取れる者が真実で……。

斎藤　民主主義というのは、民衆の支持を高めた者が正しいんですか。

二階俊博守護霊　そら、そうですよ。民意が取れなかったら真実じゃないんですよ。

斎藤　でも、民意が間違《まちが》ってたら、どうするんですか（笑）。

二階俊博守護霊　え？　間違ったら、それは地獄《じごく》に行くことになっとるんだ、みんな。

斎藤　だって、例えば、「中国に対して仲良くしたほうがいい」とか、「戦争は駄目《だめ》だ」とか言ったときに、もし民意が大きく間違っているのに支持率が高かった場合には……。

二階俊博守護霊　いや、それはもう、民意がそうならねえ。

斎藤　それによって国がなくなっちゃったら、どうするんですか。

二階俊博守護霊　ええ？　そらあ、中国に入りますよ。民意がそう言うんならしょうがない。それが民主主義なんだから。

斎藤　（笑）えっ？　ちょっと、ちょっと、それは……。

二階俊博守護霊　民意が、「香港《ホンコン》みたいになりたい」っちゅうんだったら、それは喜んで……。

斎藤　それが正しいんですか。「政治家としての正しさ」なのですか。

二階俊博守護霊　そら、そうですよ。「人民元《じんみんげん》」を使うようになるだけのことや、「円」に代わって。

だから、黒田《くろだ》さんが日銀を潰《つぶ》したら、人民元が日本に流通するようになる。そういう時代も来るかもしらん。五十パーセントの可能性はあるから。

中華人民共和国の通貨・人民元。

そのときは別に、一日で切り替《か》えはできますよ、心の切り替えは。一日ですよ。

綾織　なるほど。では、例えば、沖縄の人たちが、「独立したい」とか、あるいは、「中国に入りたい」とか言えば、それでいいわけですか。

二階俊博守護霊　そら、そうでしょう。もう入ったらええんですよ。

綾織　入ったらいい？

二階俊博守護霊　だってさ、アメリカの海兵隊よりも、ジュゴンのほうが大事なんでしょ？　彼らは。

綾織　まあ、そうですね。

二階俊博守護霊　そら、しかたないわ。海兵隊よりジュゴンのほうが大事な人は、それはもう国は護《まも》れんから。「攻撃《こうげき》されないためには中国に入る」ってのは、それはありえるでしょうよ。一つの選択肢《せんたくし》としてね。

平和裡《り》に、何て言うか、「戦争しないで済む」からね。

綾織　じゃあ、「沖縄が日本でなくなっても、それでやむをえない」と。

二階俊博守護霊　そう。中国になったら、だって、あれじゃない。北朝鮮《きたちょうせん》から攻撃もされんで済むじゃない。ねえ？

綾織　それは、もしかしたら、沖縄だけではなくて、台湾《たいわん》であったり、九州であったり……。

二階俊博守護霊　台湾は、そら中国のもんでしょう。すぐ取られるでしょう、もうすぐ。

綾織　日本も、沖縄だけに止《とど》まらず、中国に取り込《こ》まれていく可能性はありますよね。そういう民意になったら、もうやむをえない？

二階俊博守護霊　いやあ、しかたないでしょう。

綾織　しかたない？

二階俊博守護霊　そらあ、北海道の人が「ロシアに帰属《きぞく》したい」って言ったら、ロシアに行くしかないっしょ。

綾織　なるほど。

7 「天皇の生前退位《せいぜんたいい》問題」について訊《き》く

「女性天皇」を容認する発言について真意を問う

斎藤　ぜひ、ここで、歴史観についてもお伺《うかが》いしたいと思います。最近、「女性天皇の容認論」というか、そうしたものも二階幹事長さんは発言されて、ちょっと目立ってるんですけれども。

二階俊博守護霊　うーん。

斎藤　例えば、国体ということを考えたときに、どういう意図で、女性天皇を容認する発言をされたのでしょうか。

二階俊博守護霊　いやあ、皇太子のところが天皇になるのに、反対する人がいるからね。だから、（ご子息が）愛子《あいこ》さましかいらっしゃらないから。

綾織　うん、うん。

二階俊博守護霊　そらあ、「秋篠宮《あきしののみや》さまのほうがなってくれたほうが、直系が男子でつながるから」って言うけど。今はもう、「男子」、「女子」って、そんなんで言うのはさあ、国際的なあれから見てね、潮流から見ておかしいじゃないですか。だから、イギリスなんか女王でやって、別にうまくいってるじゃないですか。それから考えれば、別に愛子さまでもできるということで。あれは、浩宮《ひろのみや》さまの方向でね、跡《あと》を継《つ》いでもらっても別に何にも問題ないけど。

「男子でなきゃいけない」っていうことになれば、兄弟間でどっちが跡を取るかでまた争いが起きる可能性があるからね。やっぱり争わないほうがいいですよ。

綾織　まあ、「女性天皇」ということ自体は、保守系の方々も、そんなにものすごく反対しているわけではないわけです。

ただ、今まで「男系男子」ということで、「父方を遡《さかのぼ》れば神武《じんむ》天皇まで行くというのを守りたい」というのはあります。

この、「男系を変える。女系にする」という考え方は、どうお考えですか。

二階俊博守護霊　それはもう今の時代は、どっちでもいいんじゃない？

綾織　どっちでもいい？　ああ、なるほど。

二階俊博守護霊　だって、アメリカの大統領だって、ビル・クリントンでもヒラリー・クリントンでも、どっちでもいいんでしょう? ほんとはね。

綾織　まあ、アメリカはそうですね(笑)。

二階俊博守護霊　だから、どっちでもいいんだから(笑)。まあ、向こうでやれてるのだろう? どっちでもいいんだから。

斎藤　まあ、イギリスでは、エリザベス女王も、ずっと在位されてますね。

二階俊博守護霊　ちょっとなあ、日本はその、なんか、華族《かぞく》っていうか、貴族のところをだいぶ切り崩《くず》してしもうたからねえ。
　だから、女性天皇になるときに、なんか、婿《むこ》をもらう相手の層が、ちょっと少なすぎるんでねえ。ほんとは皇族だけから選ぶんだったら、けっこうきつすぎるんでね。

民間から取ると、なんか「野心家が出てくるといかん」っていうんでしょう？「野心を持ったやつが入ってくる」というところで。

だけど、イギリスとかは貴族がいてね、ちゃんと爵位《しゃくい》を持った人が旦那《だんな》さんになって。まあ、事業なんかもやってはいるけど、貴族だからね、ちゃんと体制を支えるっちゅう感じはあるからね。

ちょっとその層が薄《うす》いから、若干《じゃっかん》、心配はあることはあるけどねえ。うーん。

「生前退位《せいぜんたいい》」の意向の背景にある理由とは

綾織　今回の天皇陛下《へいか》のお気持ちとして、「生前退位《せいぜんたいい》」ということを、事実上、表明されたわけですけれども、これは、安倍《あべ》さんのお考えとは、実は違《ちが》っているようです。

一説には、「何度も生前退位の意向を安倍さんには伝えられていた」とのことです。

それを、ある意味、安倍政権はそのまま受け止めないで、結局は、「国民に表明する」というかたちになっていると思います。

二階俊博守護霊　君たちは何か曲解《きょっかい》してて、「安倍政権に反対して、天皇陛下がストライキかサボタージュか知らんけど何か起こして、辞《や》めたくなったんだ」みたいな風説を流してるじゃん。

綾織　風説ではありません。

二階俊博守護霊　そうじゃなくて、これは、野党連合で、共産党と民進党が組んだので、天皇は、「もうやってられない」、「国会を開いてやらん」ということだから。

綾織　うーん。

二階俊博守護霊　天皇陛下がお言葉を述べるときには、共産党はいつも欠席して、いなかったのが……。

綾織　今年、国会の開会式に出席しました。

二階俊博守護霊　これが野党が連合を組んで政権を取ろうとしてるから、それに天皇陛下は不快感を示されて、「もう辞める」と言っているんで、これは、「共産党を切れ」と言ってるんだよ。

君らは、全然違う。それはもう、君らは〝方向音痴《おんち》〟や。全然違う。安倍さんに、「もっと強気で共産党を潰《つぶ》してしまえ」って言ってるのよ、あれは。

第191臨時国会の開会式でお言葉を述べる天皇陛下（2016年8月1日撮影、参院本会議場）。

綾織　まあ、私どもの霊的《れいてき》な探究では、「天皇陛下の本心」というのも語っていただきましたし（『今上《きんじょう》天皇の「生前退位」報道の真意を探《さぐ》る』〔幸福の科学出版刊〕参照）、その内容と「お気持ちの表明」とは、ほとんど同じものでした。

二階俊博守護霊　うーん。どうかねえ……。私は、共産党が政権に入ろうとしているのを見て、何か抑止《よくし》しようとして、不快感を表《あらわ》したように見えたけどなあ。だって、共産主義から見りゃあ、天皇制はありえないじゃない。やっぱりね、それはありえないことですから。

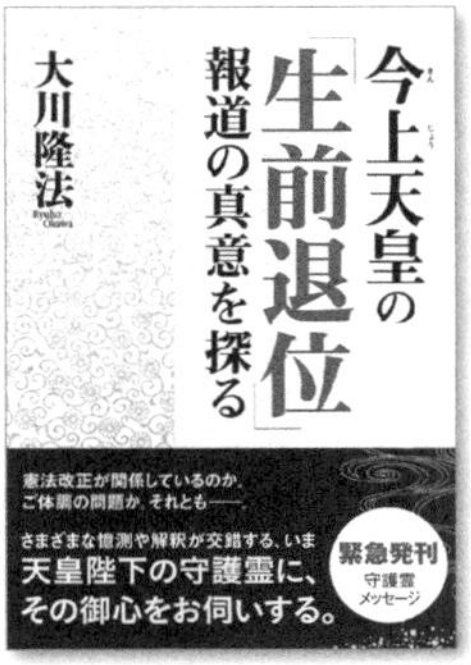

報道では知りえない御心《みこころ》が明らかに。
『今上天皇の「生前退位」報道の真意を探る』
（幸福の科学出版刊）

日本が中国に朝貢《ちょうこう》する事態になっても天皇制とは矛盾《むじゅん》しない？

斎藤　二階幹事長の守護霊様から見ますと、「天皇制」については、どのような確信をお持ちなんでしょうか。

二階俊博守護霊　いやあ、私らみたいな下々《しもじも》の者はたやすく口を出しては相成《あいな》らない問題だと思いますので、それはもう、御心《みこころ》のとおりになるしかありませんですね。

綾織　ただ、「御心のとおり」といっても、先ほどのように、「民意が『中国に入ってもいい』と考えるのであれば、それもやむなし」という話になると、全然、御心とは違って……。

斎藤　確かにそれは矛盾《むじゅん》があるように思います。結果的には、「日本の国体を崩してもよい」という判断をしていますよね。

二階俊博守護霊　いやあ、全然、矛盾がないかもしれないよ。天皇陛下は屈辱《くつじょく》のなかに「人間宣言」をされて、ねえ？　今、対米追従《ついじゅう》政策を取って、そのなかで生きておられるから。

中国の力が強くなって、「高気圧 対 低気圧」みたいにアメリカが追い出されていったら、日本が中国に朝貢《ちょうこう》をするのは、大昔からやってたことですので、別に、それで天皇制と矛盾するわけでも何でもないですからね。

綾織　「日本が朝貢している期間はほぼない」ので、それは違うと思いますけれども。

二階俊博守護霊　天皇はねえ、中国から〝日本国王〟に命ぜられたりしてた時代もあったぐらいですからねえ。うーん。

綾織　そういうかたちが、二階守護霊様の理想ですか。

二階俊博守護霊　いや、私は別に、その何？　民意がそう選ぶんだったら……、まあ、「国民の総意」ったって、百パーセントっていうことは、たぶんないだろうけども、八割以上がそういうふうに考えるようになったら、そりゃ、選択肢《せんたくし》はいろいろあるだろうなとは思う。

綾織　それに対して、「そちらは危険ですよ」というふうに説得はされないんですか。

二階俊博守護霊　うーん、「危険ですよ」と言うても、長い長い世界史というか、アジア史を見れば、中国が世界一であった時代は長くて、アメリカはごく最近だけですからね。中国の時代っていうのはあっても、古代のエジプト並みに頑張《がんば》って長くやっていますからね。交代として、そういう時代がアメリカの次に来ること自体はありえるわけで。

「近隣《きんりん》国を侵略《しんりゃく》する」っていっても、それは、アメリカもずっとやってきたようなことだし、イギリスもやってきたようなことだから、「ホワイトだけがやってよくて、イエローが悪い」ってわけではない。日本もやったことだから。

だから、時代の精神がそういうふうに動いていくなら、それはそれでしかたがないことだね。

8 「国防」と「憲法改正」についての本音とは

他人事《ひとごと》のように「中国支配の危機」を語る二階氏守護霊

立木　今、中国ないしは北朝鮮《きたちょうせん》が脅威《きょうい》になっているわけですけれども、今後、そういう国から軍事力等で脅《おど》しつけられて、日本が無理やり屈服《くっぷく》させられるような事態が起き、国民もそれに対し、「嫌《いや》だ」と反発するといったことが来ないとも限りません。

ただ、現状では、世論は「憲法九条改正までは考えていない」という状況《じょうきょう》にありますが、そのような事態が起きた場合に、どう対応されるのでしょうか。

本当であれば、今のうちから準備をして、きちんと備えなければいけないと思うのですが、今、油断しているような状況にあるわけです。

このままで行けば、あるとき突然《とつぜん》、中国から核《かく》兵器で脅《おど》され、屈服させられるかもしれないようなこともありうるんですけれども、これに関してはどのようにお考えでしょうか。

二階俊博守護霊　そりゃ、今、(日本は) アメリカに核兵器で脅されて、アメリカの言いなりになってきてるんじゃない? それに対して、沖縄《おきなわ》が〝独立戦争〟を起こしてるんでしょう? そういう関係ですから。

アメリカの核兵器で、日本は護《まも》ってもらってもいるけども、支配もされている。

立木　ただ、今、日本国民の民意としては、どちらかというと、日米同盟を支持しているわけですよね。「アメリカと連携《れんけい》したい」と。

二階俊博守護霊　ここも変わるかもしれないね。中国の〝爆買《ばくが》い〟で日本経済が支えられるようになってくれれば、もしかしたら、変わるかもしれないわね。
百貨店とか、いっぱい、中国語を流し始めています からね。国鉄も……、国鉄じゃないわ、ＪＲとかもね、いろいろ案内をし始めているからね。もうこれは、中国の人が日本に入ってこれるように導いていらっしゃるし、日本の土地も買い占《し》められつつありますから。
中国の軍艦《ぐんかん》が何百隻《せき》も沖縄近辺に浮《う》かび始めたら、もう、今の日本ではどうにもならないでしょうからね。

綾織　（苦笑）どうにもならない？

二階俊博守護霊　ならないでしょうよ、これ。

2015 年 5 月、二階俊博氏は日中の関係改善を目的に、3000 人規模の「日中観光文化交流団」を率いて訪中した（写真：訪中団の歓迎会で手を振る中国の習近平国家主席〔右〕と二階氏〔左〕）。

綾織　非常に〝客観的〟ですね。

二階俊博守護霊　ええ？　例えば、中国の公船といわず、軍艦が千隻、沖縄周辺に現れたというても、自衛隊員に何ができるんだよ。

綾織　はい。もう、そういう状態になりつつあります。

二階俊博守護霊　何もできないよ。アメリカがどうしてくれるかなんて、そんなの分からないけど、でも、「どっちに支配されるか」っていう問題でしょ、基本的に。「アメリカに支配されるか、中国に支配されるか」。

綾織　今、アメリカが日本を支配しているかどうかは、ちょっと別にしまして……。

二階俊博守護霊　支配されてるよ。沖縄だって、ずっと植民地だったんだからさ、何年か。

綾織　まあ、そうですね。

斎藤　中国の軍拡に対しては、もう、「現実肯定《こうてい》」の態度で、より強いほうに自分が調和していくということで、相手の懐《ふところ》に入っていってしまうような、そんな判断だけなのでしょうか。「国防」という観点はあまりないのでしょうか。

二階俊博守護霊　いやあ、中国は、人口はアメリカの四倍以上、四から五倍あるしさ。これで、経済がアメリカの二倍以上になる日はもう近いって言われてるからさ。逆に、「中国についたほうが有利」っていうことになったら、日本の自衛隊がパールハーバーをもう一回攻撃《こうげき》することだって、それはあるかもしらんからな。

「君らが蓮舫《れんほう》や前原《まえはら》の悪口を言うことを期待している」

綾織　今の話のなかでちょっと疑問に思うこととして、その場合、安倍《あべ》政権は中国のなかに入っていくことになるわけですか。

二階俊博守護霊　安倍政権の間は、入らない。

綾織　あ！　そうなんですか。

二階俊博守護霊　うん。

斎藤　もしかしたら、〝ヌメリ〟で、また〝違《ちが》う政権〟のところになっているのではないですか（笑）。

二階俊博守護霊　安倍政権の場合には入らない。

綾織　安倍政権のうちは入らない。

斎藤　やはり、延命していて、自分だけ助かるつもりですか。

二階俊博守護霊　民進党は蓮舫《れんほう》とかが代表になった場合は、意外に、「台湾《たいわん》防衛のために戦う」とか言い出して、中国に負けてしまう可能性があるわね。

綾織　ほう。それは、〝蓮舫政権〟のことを言って

民進党代表選挙への出馬表明をする蓮舫代表代行（2016年8月5日撮影）。

いるんですか。

二階俊博守護霊　ああ、そうそうそう。

綾織　おお（笑）。そこまで考えているんですか。

斎藤　だいぶ先のことまで（笑）。

二階俊博守護霊　負けるかもしれないからね、それは。

綾織　ああ、自民党が負けて……。

二階俊博守護霊　自民党だったら防衛できたのに、もし、蓮舫人気で民進党政権ができて、「台湾を護れ」とか言い出してだねえ、そして、自衛隊が戦って、あっさりと三日で負けてしまって、中国の傘下《さんか》で奴隷《どれい》的条約を結んで……、というようになることもあるかもしれないしな。

綾織　選挙の仕事は幹事長の仕事ですが、民進党に負けてしまうんですか。

二階俊博守護霊　いや、それは分からんから。これから、君らが蓮舫の悪口とか前《まえ》原《はら》の悪口を言ってくれるかどうかを、今、期待してるところだ。

綾織　ああ。

二階俊博守護霊　そしたら、君らの、今まで菅《すが》さんや岸田《きしだ》さんを〝貶《おとし》めた罪〟は許されることになるわね、うん。

綾織　それでは、安倍政権のところはしばらく置いておきまして、「趨勢《すうせい》としては、もう、中国に呑《の》み込《こ》まれるしかない」と考えているわけですか。

二階俊博守護霊　いや、安倍さんが「最後の砦《とりで》」なので、巨人《きょじん》と、●ダビデのごとく戦っとるわけよ、うん。

綾織　ああ。

二階俊博守護霊　向こうの〝ゴリアテ・中国〟に、〝ダビデ・安倍〟が一人で戦い、石を投げながら戦ってるわけね。

綾織　はい。

●ダビデとゴリアテ　『旧約聖書』に登場する人物。羊飼いの少年であったダビデは、イスラエル王サウルに、ペリシテ軍の巨人の戦士であるゴリアテ退治を申し出る。ダビデは、投石紐で石を勢いよく放ち、ゴリアテの額に命中させ倒した。これにより、ダビデは王サウルに認められ、仕えることとなった。

二階俊博守護霊　最後の砦が安倍さんで、安倍さんが倒《たお》れたら、それで、もう終わりと思っていい。うん。あとは、日本を救える人はいない。

綾織　ああ。

二階俊博守護霊　いない。

綾織「もう、それはやむなし」という方針としても……。

二階俊博守護霊　君らの言うとおりにやったら、日本はもう、すぐ戦争を始めて、すぐ負けるから。それで終わるから。君らが思ってるほど、自衛隊は強くないからね。簡単に負ける。稲田《いなだ》さんなんか、もう、眼鏡《めがね》捨てて逃《に》げるよ、すぐに。なあ？

斎藤　核兵器を除けば、日本の自衛隊は最強クラスで、「世界四位の強さ」とも言われていますけれども。

二階俊博守護霊　いや、嘘《うそ》、嘘、嘘、嘘。全然、嘘よ。まったく戦える体制になってない。今、アフリカでちょっと演習をやってるだけで、外国へ行く演習をしてるところよ。

「天皇の生前退位」と「憲法改正」の問題についてはどう考えるか

立木　そういう意味では、「憲法改正」ということが大事になってくるかと思うんですけれども……。

二階俊博守護霊　いや、いいよ。占領《せんりょう》されたら、憲法改正も何もないだろう。

●日本の自衛隊は最強クラスで……　2015年9月末、スイスの金融機関であるクレディ・スイスが公表した国際情勢分析レポートで、世界各国の軍事力総合評価が明らかになった。それによれば、日本は、アメリカ、ロシア、中国に次いで、4位とされている。

立木　今、現実の政治日程の問題として、「天皇陛下《へいか》の生前退位」の件がありますけれども、本当であれば、安倍首相の考えとしては、参院選が終わったあと、憲法改正に向けて与野党《よやとう》で議論を始めたいということがあって、それに関しても、今、いろいろと人事とか……。

二階俊博守護霊　いや、別にね、面倒《めんどう》くさかったら、現天皇が天に召《め》されたら、それで終わることだからね。「生前退位」が面倒くさくなればね。

立木　ただ、幹事長としては、党内ですとか、あるいは野党との、憲法に関する議論をまとめていくという仕事もおありかと思うんですけれども、これに関しては、今、どのようにお考えでしょうか。

二階俊博守護霊　うん？　「生前退位」？　まあ、国民の……。

立木　「生前退位」のこともありますが、そのあとの「憲法改正」ですね。憲法についても議論しようという流れはできていると思いますけれども。

二階俊博守護霊　うん、いやあ、もう……、「憲法改正」はできるところまで来ているけど、君たちが〝悪さ〟をしたために、できなくなりつつあるんだよな、うーん。

立木　それはどういう意味でしょうか。

二階俊博守護霊　いや、だから、スレスレだからね、三分の二。まあ、うまい具合に、みんなが合意すれば、もしかしたらという可能性があるけど、君らが、こう、ゴソゴソと〝ゲリラ活動〟をするからさ。悪い噂《うわさ》を流すじゃん。安倍政権に対して、悪い噂。「ナチみたいになるぞ」って、一生懸命《いっしょうけんめい》に流すから、やりにくい感じになってるじゃない。

天皇陛下の退位だって、共産党が嫌で退位したいのに、「安倍さんが嫌だから退位する」みたいな言い方するじゃない、君たちが。

立木　ただ、実際には、野党のなかにも、「やはり、憲法改正は必要だ」と考えていらっしゃる方もいると思いますので、そういう方と組んで、三分の二以上を占めて発議《ほつぎ》して、国民投票に持っていくというのは、十分ありうるかと思うんですが。

二階俊博守護霊　いや、今のあれでは、ちょっと難しいなあ。だから、沖縄一個ぐらい、中国に取られないと、無理なんちゃうかね、うーん。

立木　九条の改正は、ということですね？

二階俊博守護霊　うーん。そのくらいしないと、まあ、無理だと思うね。あんな、公明党が言う「環境権《かんきょう》」なんていったら、ジュゴンを護らないといけなくなって、本当に海兵隊が出ていかなきゃいけなくなるかもしれない。そんな簡単にいかんよ。憲法改正ったって、簡単じゃないよ、うん。

結局、「〝のらのら〟と逃《に》げ延びて政権を延命したい」が本音か

綾織　非常に第三者的な、評論的なことをおっしゃっている感じがするんですけれども、ぜひ、安倍政権以降についてですね……。

二階俊博守護霊　以降？

綾織　安倍政権以降、まあ、二〇二〇年代なのか、将来において、ご自身としては、日本が中国に呑み込まれるような状態を見通されているかと思うんですけれども、先ほどは、「人民元《じんみんげん》が流通する」とか……。

二階俊博守護霊　別に、中学から、「英語」に替《か》わって「中国語」を教えれば、それで済むんじゃない？

綾織　中国語を教える？

二階俊博守護霊　うん。それで済むことじゃん。漢字文化だから、大丈夫《だいじょうぶ》だ。

綾織　なるほど。政治も、中国の言うことを、すべてきいていく……。

二階俊博守護霊　しょうがないでしょう? まあ、チンギス・ハンだとか言うてるから、君ら（注。幸福の科学の霊査《れいさ》では、中国国家主席・習近平《しゅうきんぺい》氏の過去《かこ》世《ぜ》はチンギス・ハンと推定されている。『世界皇帝《こうてい》をめざす男』〔幸福実現党刊〕参照）。

綾織　はい。

二階俊博守護霊　チンギス・ハンにはヨーロッパまでやられたんだから、もう、しょうがないよ。勝てるわけないじゃない?

綾織　なるほど。

再来したチンギス・ハンが目指す覇権国家の道。『世界皇帝をめざす男――習近平の本心に迫る――』（幸福実現党刊）

斎藤　今、綾織編集長も質問しましたけれども、二階幹事長の守護霊様が考える将来像、予測像といった未来ビジョン、「こうなるのではないか」と思われるような見通しとしては、どんなところを想定していらっしゃいますか。

二階俊博守護霊　いやあ、何もないけれども、とりあえずその……。

斎藤　「ないけど」って……（苦笑）。

二階俊博守護霊　いやあ、「何が起きても、うまく逃《に》げ延びる」ということを第一に考え……。

斎藤　ああ、逃げ延びる？

二階俊博守護霊　うーん、〝のらのら〟逃げて、逃げて、逃げ延びることが大事です。

だから、積極的に、自分らが何かしようっていうのを明確に出すと、その敵がはっきり出てくるから、そういうことをはっきりしないで、〝のらのら〟しながら、延命していくことが大事ですね。

綾織　うーん。「延命」というのは、単に、「地上の命がある」ということだけになってしまいますけれども……。

二階俊博守護霊　いや、「民族としての延命」ですからね。うーん。

9 安倍《あべ》政権の延命は日本の国防を危《あや》うくする？

「中国による日本攻撃《こうげき》の危機」を安倍政権が放置する理由は？

斎藤　ただ、かつて、日本国を護《まも》るために、さまざまな国家間で戦争もありました。七十一年前には大東亜《だいとうあ》戦争がありまして、三百万人の英霊《えいれい》、数多くの犠牲《ぎせい》があって、今、国体を保っています。

当時、そうした方々が命を懸《か》けて国を護ろうとした気概《きがい》、あるいは、明治維新《いしん》で、多くの人々が命を落としながら歴史をつくってきた情熱とか、そうしたことに対しては、どのように思っておられるんですか。

二階俊博守護霊　うーん……。

斎藤　「大東亜戦争」に対する見方などについてはどうなんですか。ぜひ、一回、国の指導者の一人としてのお考えを聞いてみたいところですね。

二階俊博守護霊　いや、それは、何回でも言いますけど、別に。やっぱり、「アジアの同胞《どうほう》を大量に殺戮《さつりく》した」っていうことは、それは恥《は》ずべきことで、反省しなければいけないと思ってますよ。

斎藤　「恥ずべきことで、反省すべきことである」と？

二階俊博守護霊　うーん。それは、よくないことですね。だから、明治維新以降の〝暴走〟がちょっと過ぎたことで、明治維新以降、国を建ててはいいと思うけども、やっぱり、「中道《ちゅうどう》路線」っていうかね、「平和路線」を維持すべきだったなと思って。

他国侵略《しんりゃく》は、やっぱり、度が過ぎていたのでね。

だから、中国や韓国《かんこく》が日本を責めるのは、「そうやって言い続けないと、日本がまた牙《きば》を剝《む》くかもしれない。日本の国防強化だって、防衛のためだけかどうかは分からん」っていうことで、やっぱり信用してないんだろうからね。うーん。

まあ、未来がどうなるかは分かりませんけど、過去を見れば「日本が侵略的であったことは間違《まちが》いない」。うん。「ほかの国が侵略的であったという事実はない」。アメリカとか欧米《おうべい》以外は、侵略的であったという事実はないのでね。だから、日本が侵略的になる可能性のほうが高いということですよね。

綾織　しかし、中国が日本を攻《せ》める危険性については、「本当に攻めてくる」という事態が、もう、目の前にあるわけですよね。

二階俊博守護霊　うーん。

綾織　これに対して、安倍《あべ》政権では、ほとんど何も手を打たずに、手をこまねいて見ていて、結局は、〝チンギス・ハン〟が日本を支配するような事態を招いても、それはやむをえないということですよね。

二階俊博守護霊　いやあ……、もう……。いやいや、今から九年がかりで、三百キロも飛ぶミサイルをつくろうとしているからね。うーん（注。報道では、新型の地対艦《かん》ミサイルを開発し、二〇二三年度ごろの配備を目指すとされているが、霊言《れいげん》のため、発言のままとした）。

綾織　それを南西諸島に配備するという方向性は、いちおう出ています。

二階俊博守護霊　その前に攻めてこられなければ大丈夫《だいじょうぶ》。また、ミサイル配置されたらね。うーん。

斎藤　ただ、北朝鮮《きたちょうせん》のミサイルも、今、どんどん精度を上げているという報道も一部にはありまして、潜水《せんすい》艦《かん》からの発射も成功して金正恩《キムジョンウン》が大万歳《だいばんざい》して、「もう、アメリカでも日本でも、どこでも射程距離《きょり》に入る」と言って、北朝鮮がどんどん進化しているようにも見えるところもありますが、九年というのは遅《おそ》いのではないですか。

二階俊博守護霊　いや、金正恩さんはね、（日本に）来ていただいて、東京ディズニーランドに監禁《かんきん》してさしあげたらいいんじゃないですかね。遊びたいんだろうし。うーん。

北朝鮮は中距離弾道ミサイル「ムスダン」に続き、8月24日には、新型の潜水艦発射弾道ミサイル（ＳＬＢＭ）の発射にも成功した（写真は、北朝鮮が過去に発射したＳＬＢＭ〔朝鮮中央通信が2016年4月24日に配信〕）。

綾織　まあ、監禁できればいいですけれども……。

二階俊博守護霊　うーん。「軟禁《なんきん》」かな。〝ナンキン〟事件。

斎藤　（苦笑）

周辺民族を同化し、「民族浄化《じょうか》」を続けている中国をどう思うか

綾織　これは二階さんの守護霊様がおっしゃっていることで、そのまま行くと、「民族の存続をさせたい」という話ですけれども、実際には、中国が攻《せ》めていったところは、「民族浄化《じょうか》」と言って、自分たちの民族が漢《かん》民族に同化させられ、どんどん自民族がなくなっていっている状態ですよね。チベットにしても、モンゴルにしても。

斎藤　ウイグルにしても、そうですね。

二階俊博守護霊　そんなん、だって、島国の大英帝国《ていこく》、グレートブリテンだって、あなた、インドは取るわ、オーストラリアは取るわ、シンガポールだ、香港《ホンコン》だと取りまくってたんで。

アメリカだって、インディアンの土地を全部、丸ごと剥《は》ぎ取って……。

綾織　まあ、それはそうですけどね。

二階俊博守護霊　もう、あのねえ、ハワイからフィリピンまで来たんだから、お互《たが》い様だから。

綾織　お互い様？

二階俊博守護霊　ああ、国を強くできたところは、そういうことをするわなあ。だから、日本は、強くしようとしても、ゼロ成長でしょう？　できないんだから、これはもう、「アベノミクスが成功しなければ負ける」ということでしょう？　なのに、君たちはアベノミクスを応援《おうえん》してくれないから、それは、負けるということを容認してるんでしょう？　ええ？

綾織　いえいえ。「こうすべきだ」ということは、もう、ずっと言っていますので。

二階俊博守護霊　だって、君の言うように、ＧＤＰ一千五百兆円にならんじゃないか（『ＧＤＰを１５００兆円にする方法』〔綾織次郎著、幸福の科学出版刊〕参照）。どうしてくれるのよ。ええ？

綾織　それは、何もやっていないからです（笑）。

二階俊博守護霊　嘘《うそ》つき！　責任取れ。うん？

綾織　消費税も上げなければ……。下げれば届きます。

二階俊博守護霊　消費税だけで、そんなねえ、ＧＤＰが三倍にもなってたまるか。

綾織　いえいえ。まあ、それは一つですけれども、いろいろな手を打てば可能ですよ。それをやらないからです。

『ＧＤＰを 1500 兆円にする方法』
（綾織次郎著、幸福の科学出版刊）

幸福実現党には「次の総選挙までに陣《じん》を払《はら》っていただきたい」

二階俊博守護霊　いや、幸福実現党が選挙のたびに嫌《いや》がらせをするからさ。もう、ブンブンブンブンブン。

綾織　嫌がらせではなくて、普《ふ》通《つう》に選挙で戦っているだけですから（笑）。

二階俊博守護霊　ええ？　もう、（当落線上で）僅《きん》差《さ》のところが多いんだからさあ。

綾織　まあ、そうですね。

二階俊博守護霊　次の総選挙までに、もうそろそろ、陣《じん》を払《はら》っていただきたいんだけどね。

綾織　ああ、そういうお考えですね？

二階俊博守護霊　そうしないと、日本が侵略される可能性がある……。

斎藤　やっぱりですか。「陣を払っていただきたい」という発言の奥《おく》には、「邪魔《じゃま》だなあ。目の上のたんこぶだなあ」とか、「幸福実現党はまだ小さなところかもしれないけれども、影響《えいきょう》があるのが嫌だ」ということがあるんでしょうか。

二階俊博守護霊　だって、僅差で二、三万票っていうのは、二大政党でぶつかったら、けっこうあることだからねえ、それはね。

斎藤「それを取り除きたい」という気持ちがあるんですか。

二階俊博守護霊　取り除く必要はないけども、やめていただければそれで済む……。

綾織　やめてほしい？

二階俊博守護霊　うーん。自主的に、すごく何か……。

斎藤　「旗を降ろしてほしい」と思っているんですか。

二階俊博守護霊　だから、中国から防衛するためには、それがいちばんや。自民党がとにかくするから。それがいちばん、まあ……。

綾織　防衛？（笑）防衛など考えていないじゃないですか。

二階俊博守護霊　いやあ、だから、「君たちが頑張《がんば》るから、(自民党が)負けるかもしれない」って言ってるんだよ。うーん。

綾織　では、今日、伝えたいことの一つも、「陣を払ってほしい」ということ?

二階俊博守護霊　まあ、そうだよ。だから、菅《すが》さんをあんなにいじめちゃいけないよ。みんなの合意なんだから。

綾織　あっ、「みんなの合意」なんですね。

二階俊博守護霊　うーん。みんな、そう思ってるんだから。「君たち、もうそろそろ、やめてくれないかなあ」って、みんな。

「中国が本気になったら、自衛隊の戦力では勝てない」と見ている

斎藤　今日は、それを言いたかったために来たんですか。

綾織　そのへんは、自民党の指導層全体の考えですか。

二階俊博守護霊　だから、君らがいちばん嫌がることを言ってるんじゃない。中国の人民元《じんみんげん》が流通して、中国語が公用語化して、元《もと》の昔のとおりに……。だから、昔、頭を剃《そ》り上げて、何か、〝ちょんまげ〟をつくって。あれも中国の、髷《まげ》みたいなのをまねしてねえ……。

綾織　はい。弁髪《べんぱつ》ですね。

二階俊博守護霊　いやあ、あれをまねしてやっただけだから、中国文化が元に戻《もど》って、日本に流通するのは、何にも問題ないことだからね、別にね。自衛隊の今の戦力？　だから、中国がもし何か本気になったら、全然勝てないですよ。そんなもん、日本はもう、十年も二十年もかかりますから、対応するのに。まったく動かないですよ、この国。ええ。

立木　それを動かすようにするのが、「政治家の仕事」ではないでしょうか。

二階俊博守護霊　いや、動かないですよ。だから、天皇陛下《へいか》が〝縛《しば》り首〟にされないために、今、もう辞めようとして逃《に》げてるんでしょう？　本当はね。うーん。そうだと思いますよ。

綾織　その部分は本音だと思います。

二階俊博守護霊　そうだと思いますよ。

一万円札を積み上げたら「アジアの平和」は買えるのか

斎藤　それから、慰安婦《いあんふ》問題の日韓合意をどのように評価されるか、ちょっと訊《き》きたいんですけれども。韓国側は慰安婦像を撤去《てっきょ》するつもりはないようなんですが、このへんについてはどうですか。

二階俊博守護霊　いやあ……。

斎藤　中国や北朝鮮についてのお話は出ました。次に、韓国についてはどうでしょう。

二階俊博守護霊　まあ、もう、いい……。黒田《くろだ》日銀は、一万円札が余っとるんだから、積み上げたらええのよ、ソウルに。一万円札の山。

斎藤　いや……（苦笑）、金で解決ですか？

二階俊博守護霊　慰安婦像を一万円札で覆《おお》い尽《つ》くしたらええのよ。こう、ワーッと富士山《ふじさん》みたいに積み上げて、全部隠《かく》したらええ。

綾織　それは、岸田《きしだ》外務大臣の守護霊様も同じような考え方でした。

二階俊博守護霊　やってくれる、やってくれる。うん。

斎藤　なるほど……。「アジアの平和」とか、そういうことは考えていないんですね。

二階俊博守護霊　「アジアの平和は、お金で買うつもり」なのよ、だから。うーん。

斎藤　えっ？

二階俊博守護霊　今、政権をね、黒田さんが担《にな》っとるから、実質上。安倍さんは担う気がないから。担う気がないっていうか、責任を取る気がないから、黒田さんが一万円札でどこまで埋《う》め尽くせるかっていうことにかかってるわけよ。買収にかかってるんで、アジア諸国を。

綾織　うーん。

二階俊博守護霊　だけど、人民元もけっこう流通するんでね。あっちもパワーがあるもんだから、もう、（日本円を）刷っても刷っても、なかなか追いつかんでなあ。

綾織　結局、アベノミクスも、日銀の仕事以外はほとんどなくなってしまったという状態ですよね。

二階俊博守護霊　うん。まあ、だから、別に大丈夫ですよ。日銀総裁を替《か》えれば、それで終わるから。もうすぐ更迭《こうてつ》になるかもしれないけど。

綾織　なるほど。うーん。

「安倍《あべ》政権が倒《たお》れたら日本は国でなくなる」

綾織　ご自身の幹事長の仕事として、「選挙」のこともお伺《うかが》いしたいんですけれども、次の衆院選について、先ほども危機感を表明されていました。民進党も新しい代表になり、再び野党連合というかたちで来る可能性も高いわけですけれども、自民党としては、このあたりのことをどう見通されていますか。

二階俊博守護霊　うん、とにかく、「安倍《あべ》政権が倒《たお》れたら、日本は国でなくなるかもしれない」ということを、私は訴《うった》えるしかないですね。

綾織　それは、ちょっとずるいですね。

二階俊博守護霊　野党に票を入れたりですなあ、野党を支援するマスコミ等のものを取り続けると、国が滅《ほろ》びるかもしれないっていう気がするな。

綾織　国が滅びないようにするための手立てを、現政権が打っているならば、その主張も正当性はあると思います。

二階俊博守護霊　ええ？　だから、野党のほうは伸《の》ばさないようにして、保守のほうは、君らの言論を〝封印《ふういん》〟すれば、安倍政権は続く……。

綾織　封印する？

斎藤　あくまでも、「幸福の科学、幸福実現党の言論を封じ込《こ》めれば、延命できる」というような考えですか。

二階俊博守護霊　（斎藤に）君、君も「宇宙のウナギイヌ」なんじゃないんだっけ？（注。質問者は、幸福の科学の宇宙人リーディングで、「宇宙の絵描《えか》きウナギイヌ型」の宇宙人であったと推定されている）

斎藤　（笑）それは置いておいてください。悪いイメージがどんどんついていくじゃないですか。もう、どんどん……。

二階俊博守護霊　ウナギみたいになって、〝ヌメリ〟をもっと出せば、長く生きることができるんだからさあ、ええ？

斎藤　いや、ヌメリも大事ですけれども（笑）、「真実」や「正しさ」も大事です。どうですか。「国が滅びても延命する」というのは、それはもはや主客転倒《しゅかくてんとう》じゃないですか。

二階俊博守護霊　いやあ、だって、それが香港や台湾《たいわん》を見舞《みま》う運命なんだからさ、しょうがないじゃない。

だから、沖縄《おきなわ》にも、日本（本土）にも来るだろうよ。アメリカにだって占領《せんりょう》されたくはなかったけども、占領されたんだからさあ。そんな気持ち、まったくなかったんだ。

綾織　それは、安倍政権も同じですよね。何も手を打たなければ。

二階俊博守護霊　（アメリカと）戦って勝てると思うたのに、勝てんかったんだろう？　ボロ負け。

自衛隊は中国と戦っても、今、核《かく》が搭載《とうさい》できないミサイルを九年もかかってつくって、配備しようとしてるからさあ。そのあと、向こうが「核兵器で攻撃《こうげき》する」って言ったら、それで終わっちゃう。それだけのことだ。

綾織　それは、安倍政権として、核についても何らかの決断が必要なタイミングだということですよね。

二階俊博守護霊　遅いから、それは無理なのよ。中国が「使う」と言ったときに、アメリカが日本を護るために、中国に核兵器を使うかといったら、オバマさんは「核の先制不使用」とか言って、もう、早くも逃げにかかってるじゃない？　使う気はないよ、たぶんね、うん。

日本の延命のために、八十二歳《さい》まで安倍《あべ》首相を続投させる？

綾織　今のお話にはそのとおりの部分もあるんですけれども、「安倍《あべ》政権であっても日本を護れない」ということであれば、安倍首相が長く続ける意味はないですよね。

二階俊博守護霊　だから、日本を延命させるのは、安倍さんしかいない。

綾織　いやいやいや。

二階俊博守護霊　安倍さんに八十二歳《さい》まで（首相を）やってもらうことが、とりあえず、あと二十年、国体が護れるということになるわ。

綾織　延命できません。やはり、安倍政権の正当性自体がないですよね。

二階俊博守護霊　君ら、政権を取るつもりでいるけど……、君らが取ったら、革命政権にしかならないと思うけど、君らは〝ドンパチ〟を始めて、一カ月もしないうちに、日本を負かせ……。

綾織　「革命」といっても、あくまでも「体制内革命」ではあります。

斎藤　われわれは、「体制内革命」による実現を目指して活動しています。

二階俊博守護霊　嘘を言ったって駄目《だめ》よ。言ってることが全然違うんだからさあ。うーん。

斎藤　どうしてですか。「思想」によって大きな影響を与《あた》えているんですよ。

二階俊博守護霊　体制を壊《こわ》そうとしてね、共産党よりも極端《きょくたん》なことを言うてるからさあ、言ってることは。ええ？

綾織　いえいえ。逆に、天皇陛下を護れますよね。

二階俊博守護霊　「天皇陛下を護る」ったって、中国に蜂《はち》みたいに刺《さ》しに行って、逆襲《ぎゃくしゅう》を受けるんでしょ、君らの人生は。そういうことだから。

立木　いや、こちらから攻撃するのではなく、あくまでも「抑止力《よくしりょく》」を高めていこうというのが趣旨《しゅし》ですので。

二階俊博守護霊　そんなことはないでしょう?　その自衛隊装備をつくって、あなた、まず、北朝鮮を占領するところから始まるんでしょう?

斎藤　いや、「専守防衛《せんしゅぼうえい》」ですよ、やっぱり、普通は。

立木　基本的に、もう、抑止力を高めるという……。

二階俊博守護霊　君たちは、「北京《ペキン》を取ることも防衛のうち」だと思っとるでしょう？

立木　いや、まったくそんなことは考えていません。

二階俊博守護霊　ええ？　そして、彼らがつくった自治区を全部解放するんでしょう？　君らこそが、あなた、あれじゃない？　〝チンギス・ハン〟じゃないの。

立木　いや、中国の解放は、思想を広げることによってやっていこうと思っていますので。

二階俊博守護霊　まあ、わしはもう知らんけどね。そりゃあ、「義経《よしつね》が大陸に渡《わた》ってチンギス・ハンになった」っていう話があるから、まあ、一緒《いっしょ》かもしらん。うん、それは一緒かもしらんけどね。

和歌山で多発している自然災害を心配する二階氏守護霊

綾織　このままでは、ご自身がおっしゃっているように、まさに、「他国侵逼難《しんぴつなん》」がやってくるということは非常によく分かりました。もしかすると、天変地異という面でも厳しいところがあるかもしれませんが。

二階俊博守護霊　あのね、私は信心《しんじん》深いからねえ、そっちで〝脅《おど》す〟のは、もうやめてもらいたい。

斎藤　何だか、そのへんがちょっと、ウィークポイントのような気もしますけれども。

●**他国侵逼難**　外国からの侵略のこと。かつて日蓮《にちれん》聖人は、前執権である北条時頼《ほうじょうときより》に「立正安国論」を提出し、「正法を守らなければ他国侵逼難などが起きる」と諫言した。その後、実際に元寇が起こっている。

二階俊博守護霊　和歌山はね、なんか、洪水《こうずい》みたいなのが多くてさあ。集中豪雨《ごうう》とかが多くて、よく水浸《みずびた》しになっとるから、ほんと、本気で狙《ねら》われると困るんだよ。

斎藤　今年は猛暑《もうしょ》が続いていますし、台風も三発ぐらい来て、またもう一つも来つつありますし……。

綾織　そういうふうに思わざるをえないということを、最後にお伝えしておきます。

二階俊博守護霊　いやあ……、あの、いや、信仰心《しんこうしん》のある自民党をね、みんな、神棚《かみだな》を祀《まつ》ってるんだから、ちゃんと。選挙事務所ではね。

綾織　まあ、本当の信仰心であればいいんですけれども、どうも、そうも見えないところもあります。

二階俊博守護霊　都知事選の増田《ますだ》候補だって、神棚をちゃんと祀っとっただろう?

綾織　はい。

二階俊博守護霊　小池百合子《こいけゆりこ》なんか、どうせ、あれはエジプトの神様かなんか祀っとったんと違いなしやろう。

綾織　まあ、日本にも縁《えん》がある方だと思います。

二階俊博守護霊　ええ?

10　二階俊博氏の過去世《かこぜ》は中国に縁《えん》がある？

過去世は石器を持ってシベリアから渡《わた》ってきたネアンデルタール人？

斎藤　そろそろ終盤《しゅうばん》になってきましたので、ここで、ぜひ「魂《たましい》の経験」について……。

綾織　ご自身の、ウナギなのか、ナマズなのかはよく分かりませんけれども……。

斎藤　（苦笑）ウナギはあまり強調しないでくださいね。

綾織　ご自身の過去世《かこぜ》での「人間としてのご経験」について、幾《いく》つかお伺《うかが》いできるところがあればと思います。

二階俊博守護霊　まあ、ネアンデルタール人をやっとったような気がするね。

斎藤　えっ。それは、今までの霊言《れいげん》収録では、初めての答えです。「ネアンデルタール人」というのは、ちょっと聞いたことがありません。それは、ちょっとよく分からないのですが、ほかには何かありますか。

二階俊博守護霊　石器を持ってなあ。

斎藤　石器？

二階俊博守護霊　ああ、だから、あちらのシベリア大陸のほうから、日本に渡《わた》ってきたような気がするわ。

斎藤　それもあるかもしれませんね、確かに。

二階俊博守護霊　うん。

斎藤　では、ネアンデルタール人のときの〝悟《さと》り〟は何ですか。

二階俊博守護霊　やっぱりねえ、「中国、シベリア、日本は一体だ」という悟りを持って……。

斎藤　「中国、シベリア、日本は一体だった」と？　なるほど、そういう〝悟り〟ですね？

二階俊博守護霊　日本海は湖だったから。うーん。

斎藤　なるほど。確かに、太古にはそういう時代もあったようですからね。

「みかんに縁《えん》のある仕事」をしていたことをほのめかす

綾織　基本的に、日本人でいらっしゃるんですか？

二階俊博守護霊　ううん？　まあ、そんなことはない。

綾織　そんなことはない？　中国でもご経験がある？

二階俊博守護霊　まあ、そういうことはあるだろうなあ。

斎藤　中国にお生まれになった？

二階俊博守護霊　うん……。

斎藤　いつごろの時代でしょうか。

二階俊博守護霊　うーん、温州《うんしゅう》みかんとか、やっぱり、懐《なつ》かしい感じがするなあ。

斎藤　おおー。

綾織　果物《くだもの》ですか。

二階俊博守護霊　和歌山もみかんが豊富だけどなあ。温州のなあ、みかん、うん。

綾織　温州。ああ、なるほど。

二階俊博守護霊　中国の温州って、南部のほうで、みかんが、よう穫《と》れるところがあるんだな。

綾織　南のほうですね。

二階俊博守護霊　あのみかんは特上品だからな。よく売れて儲《もう》かるんだ。

綾織　はい。それは時代としては、その土地が栄《さか》えた時代なんでしょうか。

●温州　中国、浙江《せっこう》省南東部に位置する都市であり、特産物としてみかん類が有名。また、温州人は商才に長けており、「中国のユダヤ人」と称されることがある。

二階俊博守護霊　温州みかんが、うーん……、いつだったかなあ？　よう分からんけど（手を一回叩《たた》く）、何かあのへんで、うーん。君らが嫌《いや》がっている、今、経済発展してる中国の、あのへんの近くだな。

斎藤　南のほうですか。

二階俊博守護霊　あのへんでみかんを栽培《さいばい》して、売っとった記憶《きおく》がある。

綾織　売っていた？

斎藤　やはり、商売系ですか。

二階俊博守護霊　うん。まあ、農場経営兼《けん》みかんを売る商売だなあ、うーん。

斎藤　農場経営をされていたのですね？

二階俊博守護霊　やっぱり、北京《ペキン》のほうまでな、都《みやこ》のほうまで売りに行っとったような気はするなあ。

綾織　そのときは、何か日本との縁《えん》はあるんですか。

二階俊博守護霊　日本？

綾織　はい。

二階俊博守護霊　まあ、日本とも交易はちょっとあったよな。そらあ、いろいろと。

綾織　ああ、交易。はい、はい。なるほど。

二階俊博守護霊　献上品《けんじょうひん》が来ていたし、こっちからも行くときもあったしな。そういうことはあったわな。みかんに縁がある。

斎藤　やはり、みかんに縁がある。それで今世《こんぜ》、和歌山という土地も選ばれたのですか。

二階俊博守護霊　そうなんよ。

斎藤　和歌山といえば、ご出身の方で、松下幸之助《まつしたこうのすけ》さんという非常に有名な方がいらっしゃいまして。

二階俊博守護霊　それは、もう、わしと並ぶような巨人《きょじん》がいらっしゃるなあ。

斎藤　そして、「紀州《きしゅう》のみかん」ということでは、松下幸之助さんの過去世である●紀伊國屋文左衛門《きのくにやぶんざえもん》という方も、また、和歌山の生まれで縁があるというようなことでありまして、まあ、雰囲気《ふんいき》としては一致《いっち》していますけれどもね。そういう方とも縁がある感じでしょうか。

二階俊博守護霊　いや、和歌山はね、徳島とはすっごい縁があるところだからね。気質も似ているし、すだちができるところも一緒《いっしょ》だしね、うーん……。

斎藤　その当時は経営者であったということですか。

●紀伊國屋文左衛門（1669頃～1734）　江戸時代中期の豪商。紀伊国《きいのくに》（和歌山県）出身であり、紀州みかんを江戸に運ぶ商売をし、後に材木問屋を開いて巨富を築いたとされる。幸福の科学の霊査で、松下電器の創業者・松下幸之助として転生していることが判明。

二階俊博守護霊　うーん、経営者っていう意味がよく分からん……。

斎藤　農場主とか。

二階俊博守護霊　うーん、よう分からんけども。

斎藤　ああ……。「政治」とはご縁がなかったのですか。

二階俊博守護霊　いや、ないことはないな。なんか、村長《むらおさ》みたいなのを、よくやっとった。

斎藤　村長というイメージは、ちょっと雰囲気があります。

綾織　それは、江戸《えど》時代のことですか？

二階俊博守護霊　時代はよく分からないな、言われてもなあ。よくは分からんけどなあ、うーん。

「不老不死の仙薬《せんやく》を探す旅に出た」という伝説の人物とのかかわり

綾織　ご自身は守護霊様ですけれども、どういう立場の方なのでしょうか。直前の（転生《てんしょう》の）方でしょうか。

二階俊博守護霊　ああ？　ちょく……？

斎藤　「直前世《ちょくぜんせ》」ということですね。現代に生きる直前あたりの人生についてはどうなのでしょうか。

二階俊博守護霊　私は「グローバルな人間」だから。

斎藤　いや、さっきは村長だって言ったじゃないですか（苦笑）。

二階俊博守護霊　ネ、ネアン、ネアンデルタール人をやっとったから。

斎藤　「ネアンデルタール」と「村長」って、ちょっとよく分からないですが（笑）。

二階俊博守護霊　うーん、（地上にいる）二階の、もう、〝根本神《こんぽんしん》みたいな存在〟やからさあ。

斎藤　うーん。だんだん、私の脳がグワーッと混乱してきているのですけど。

二階俊博守護霊　ああ、目指してるの。それを目指してるの。

斎藤　「グローバルな観点」もお持ちだということですね。

二階俊博守護霊　うん、だから、石器文化を日本にもたらした偉大《いだい》な先人だよ。

斎藤　今のご発言は、ヌメリで、本当の姿をそうとうモヤモヤさせていますけれども、何かヒントはありますか。ぜひ、ヒントを教えてください。

二階俊博守護霊　ええ？　うーん。

斎藤　今後の安倍《あべ》内閣の未来を、これで占《うらな》っていくというかですね……。

二階俊博守護霊　いやあ、もう、早くね、「義務教育に中国語を入れる」ことを提案したい。

綾織　今日のいちばん強い主張はその部分でして、日本にいらっしゃったときも、中国とのつながりで、何らかの経験、活躍《かつやく》をされているのかなという感じはします。

二階俊博守護霊　徐福《じょふく》さんっていう人がねえ？　うーん、あれよ。

綾織　徐福？

二階俊博守護霊　蓬莱《ほうらい》の国を目指して出られたときにな、船のなかに私も乗っとった。

徐福（生没年不詳）
中国秦代の神仙の術を駆使する方士。始皇帝の命により、童男童女など数千人を伴って、東海上の三神山《さんしんざん》に不老不死の薬を求めて旅立ったとされる。日本でも各地に徐福に関する伝説が残っている。（和歌山県新宮市の徐福公園に立つ徐福像）

斎藤　あっ、徐福って、本当に実在したんですか。

二階俊博守護霊　うーん、ほんとだよ。

斎藤　ははぁ。

二階俊博守護霊　だから、不老長寿《ふろうちょうじゅ》の薬を……。

斎藤　不老長寿の薬を求めて来られて……。

二階俊博守護霊　ねえ？　求めてねえ……。

斎藤　「倭《わ》の国」ではありませんけれども、大和《やまと》の国へやってきたという伝説もありますけれども？　当時は、徐福の一団の一人だった？

二階俊博守護霊　うーん。……みたいな。難破《なんぱ》してね、あれねえ。うーん。沖縄《おきなわ》に着いたっていう説もあるんだけど、あれは沖縄ではなかったような気がするな。もうちょっと流されたような感じがするなあ。

斎藤　えっ、日本に漂着《ひょうちゃく》したんですか。

二階俊博守護霊　うーん、でも、ベトナムに近かったような気がするなあ。

なぜ、中国に支配されることをよしとするのか

綾織　一つ疑問があるのですが、なぜ、そこまで中国に支配されることを喜ぶのか

というか、それでよしとするのでしょうか。過去の経験のなかで何かあるのですか。

二階俊博守護霊　いや、今の世界地図が日本中心にできているからね、少なくとも中国の側から地図をつくってみたら、前に池があって、そこにちょっとちっちゃい島（日本）があるだけなんだからね。

綾織　なるほど。では、基本的には中国の方《かた》というように理解してよろしいのですか。

二階俊博守護霊　いや、そうというか、「日中はもともと同一民族なんじゃないかな」と思っとるんだよ、うん。

綾織　ああ、そういうお考えですか。なるほど。

二階俊博守護霊　だから、日本固有の文化をそう強く押《お》し出す必要はなくて、日本の天皇は、中国から国王を任ぜられても、別におかしくはないんじゃないか。アメリカ人なんかも、どうせ、トランプさんなんか、もう、日本の天皇は「中国の属州の酋長《しゅうちょう》」みたいに思ってるんじゃないかなあ、きっと。うーん。

綾織　中国にお生まれになったのと、日本とでは、どちらが多いですか。

二階俊博守護霊　まあ、半々ぐらいやろ。

斎藤・綾織　半々？

二階俊博守護霊　うん。

綾織　なるほど。

過去世《かこぜ》では「道教《どうきょう》も神道《しんとう》も仏教も経験した」

斎藤　宗教的な観点について質問いたします。例えば、アジアでは、道教《どうきょう》的なものや仏教的なもの、神道《しんとう》的なものなど、さまざまにありますけれども、どのような信《しん》仰《こう》を……。

二階俊博守護霊　あ、全部経験した。

斎藤　すべて経験した？

二階俊博守護霊　ああ、道教も神道も仏教も、全部経験した、うん。

斎藤　ああ。それでは、神様は信じているのですか。

二階俊博守護霊　うん。

斎藤　仏様は。

二階俊博守護霊　うん。まあ、神様仏様、何でも信仰する。

斎藤　何でも信仰する（苦笑）。

二階俊博守護霊　うん。

今、住んでいるところは「明るい世界」か「暗い世界」か

斎藤　では、今、あなたはどういうところに住んでいるのですか。

二階俊博守護霊　えっ？

斎藤　そこは「明るい世界」ですか、「暗い世界」ですか？

二階俊博守護霊　急に、君、なんかすごい、突如《とつじょ》、原始人みたいな話をしてくるんだな。

斎藤　（笑）いや、だって、先ほど「ネアンデルタール」と言ったじゃありませんか。

二階俊博守護霊　えっ？

斎藤　だから、私も、分かりやすくはっきりと言っているんですよ。そこは「明るい世界」ですか、「グレーの世界」ですか。

二階俊博守護霊　「明るいところですか、暗いところですか」って、なんか、すごく嫌な感じの質問なんじゃ……。

綾織　（苦笑）素直《すなお》にそのままをおっしゃってくだされば。

斎藤　すごく尊い方と言われる方であっても、霊言で実際にお呼びしてみると、見え方がややグレーの場合もありますので。

二階俊博守護霊　うーん、でも、明るいところにいなかったら、大川総裁のところに来れるわけがないでしょう?

綾織　ただ、いろいろなパターンがありますので（笑）。

二階俊博守護霊　ああ、そう?

11　中国との〝M＆A〟を考えている？

霊界《れいかい》での友人は、中国にいるある人物の守護霊

斎藤　そちらの世界（霊的《れいてき》世界）では、どんなご友人がいらっしゃいますか。

二階俊博守護霊　うん？　「ご友人が」って……。ご友人、友人、今の友人？

斎藤　はい。友人を教えてください。

二階俊博守護霊　うーん。温家宝《おんかほう》（中国の前首相）さんなんか友人かなあ。

斎藤・綾織　温家宝？

二階俊博守護霊　うん。

斎藤　おおっ。本当ですか。

二階俊博守護霊　うん。

綾織　温家宝の守護霊さんですね？

二階俊博守護霊　うーん。

斎藤　やはり、中国ですね。

二階俊博守護霊　うーん、友人だなあ、うん。

斎藤　では、温家宝さん（の守護霊）とは何を話しているのですか。

二階俊博守護霊　えっ？

斎藤　友人なんですから、話をするじゃないですか。何を話しているのですか。やはり、「日本を中国に持っていってしまおうか」とか、そんな感じですか。

二階俊博守護霊　うーん、まあ、提携《ていけい》の〝M&A〟の話が進んどるからさ。

着実に前進する中国の覇権主義の狙いが明らかに。『温家宝守護霊が語る 大中華帝国の野望』（幸福実現党刊）

斎藤　ああ、やはり、そのあたりですか。そこから考え方の根元《ねもと》になっていますか。

二階俊博守護霊　「〝M&A〟をしたい」って言うから、〝M&A〟をどんなかたちでするのか、「役員構成をどうして、資本金はどうして」というような話。「株主に対してはどういうふうに説明するか」の話はせないかんじゃないですか。

斎藤　はああ。

日本が中国に取られても「私は〝日本州長官〟になるだけ」

斎藤　今、（地上では）幹事長をやりながら、守護霊はそのような話をしているのですか。

二階俊博守護霊　だから、安倍《あべ》さんは強気の面を見せて、「日本を防衛する」と命じて、私は負けたときのための「敗戦処理要員」でいるわけで。

斎藤　はあ。つまり、二段構えで？

二階俊博守護霊　うーん。やっぱり、中国を、そういうふうに強硬《きょうこう》にしないようにする仕事が要《い》るんで、日本はスイングして、どっちでも……。

斎藤　あ、それで、「親中派」とも呼ばれているということですね。

二階俊博守護霊　「どっちでも可能性があるんですよ」と言ったら、本気になって侵略《しんりゃく》したりしないじゃないですか。

斎藤　ああ。

二階俊博守護霊　交渉《こうしょう》でできるなら、「タダ」で取れるなら、向こう（中国）もそっちが楽だから、「タダ取りできる可能性もあるんですよ」と見せている。

綾織　「見せている」だけではなくて、実際にそうなる可能性もありますよね。

二階俊博守護霊　まあ、別に、なっても、私も〝日本州長官〟になるぐらいのことですから。

斎藤　その暁《あかつき》には、〝日本州の長官〟のポストが用意されているのですか？　安泰《あんたい》ですね。

二階俊博守護霊　うん。どうってことないんだ。もとは一緒《いっしょ》、つながって、「人類は一つ」なのよ。ね？　みんな輪のようにつながっとるんだ。

斎藤　いえいえ。それが先ほど言われていた、ネアンデルタール人のときの〝悟《さと》り〟ですかね。

二階俊博守護霊　うーん。

「日本の神様は中国から〝派遣《はけん》〟されている」？

綾織　（過去世《かこぜ》のなかに）私たちが認識できるようなお名前が遺《のこ》っている方はいらっしゃらないのでしょうか。

二階俊博守護霊　うーん、和歌山の歴史とかを繙《ひもと》けば、どっかの村長《むらおさ》で出てくる可能性はある。

斎藤　村長ですか。

二階俊博守護霊　うーん。

綾織　分かりました。

立木　先ほどは、信仰心《しんこうしん》はおありだとおっしゃっていましたが。

二階俊博守護霊　当ったり前、もうあって……。

立木　神道《しんとう》も経験されたとおっしゃっていましたけれども、日本の神様の立場からすると、二階幹事長の守護霊様のお考えというのは、おそらく、よしとはされないと思うのです。それに関しては、どのようにお考えですか。

二階俊博守護霊　日本の神様といっても、「言葉」は中国からもらっとったからな。

立木　そうなんですか。

二階俊博守護霊　うーん。中国が……。だから、日本の神様っていうのは、もともと中国から〝派遣《はけん》〟されてるんと違《ちが》うかなあ。

立木　ああ、そういうお考えであるわけですね（苦笑）。

斎藤　「そういうお考え」としか言えないですね。

二階俊博守護霊　うん、中国の神様……、何て言うかねえ、中国の県知事みたいな人が日本に来ているんじゃないかなあ?

綾織　なるほど。

「幸福実現党はそろそろ旗をたたんでくれたら、ありがたい」

斎藤　反論は山ほどありますが、時間が少しタイトになってきたので、いちおう、「そういう考え方の持ち主だ」という思想調査ということで……。

二階俊博守護霊　私が来た意味、何かあったかなあ?　何かあった?

綾織　ええ。だんだんと本音も頂きまして……。

二階俊博守護霊　とにかくねえ、安倍さんはいちおう、「タカ派的に国を護るという見せ方」をし、私のほうは、いざというときに「中国と合併する場合の受け皿も準備する」と、まあ、こういう両方を持っている。だから、これはもう万全《ばんぜん》だよね、対策として。

綾織　万全ですか。うーん。

二階俊博守護霊　〝万全の体制〟だよね。谷垣《たにがき》（禎一《さだかず》）さんでもできたんだけど、今は、何か知らんけど、〝天誅《てんちゅう》〟を加えられたからさあ、誰《だれ》かから。

綾織　うーん。それは分かりませんけれども。
ただ、今日は、安倍政権の実態の部分が非常によく分かりました。

二階俊博守護霊　うん。私や中国からのお願いとしては、あるいは北朝鮮のお願いとしては、「幸福実現党は、もうそろそろ旗をたたんでいただければありがたいなあ」って、みんな思ってるから。「〝アジアの平和〟のために穴蔵《あなぐら》に入ってくれたらありがたいなあ」と、私たちは思ってます。

斎藤　「それを伝えたいために、今日は現れた」ということですか。

二階俊博守護霊　そうそう。〝平和〟のためには、君たちは牙《きば》を隠《かく》す必要がある。〝ヌメリ〟を増やして、ヌメって……。

（斎藤に）あなたは宇宙が好きだから、どっかの宇宙に行けよ。

斎藤　（苦笑）

最後まで「幸福実現党の解散」を言い続けた二階氏守護霊

斎藤　今日は、本当に本音を言ってくださいまして、ありがとうございました。

綾織　（二階俊博幹事長が）中国、北朝鮮《きたちょうせん》寄りの立場であるということを理解いたしました。ありがとうございます。

二階俊博守護霊　まあ、これで外務大臣と官房長官《かんぼうちょうかん》を護り切ったかな？

綾織　そうですね。そうかもしれません。

二階俊博守護霊　護り切ったかな？

綾織　はい、はい。安倍政権の今の体制がどこに向かっているのかというのはよく分かりました。

二階俊博守護霊　うーん、だから、安倍政権は〝複雑怪奇《かいき》〟なんだから、ワンパターンに捉《とら》えちゃいけないんだよ。君たちの思いどおりに動いているように思って、実は違うところもあるということだからねえ。

綾織　はい。すごく違うところがありますね。

二階俊博守護霊　うーん。

斎藤　また、「人材登用」や「配置の仕方」などの考え方も、今日はよく分かりましたので、こうしたことで、日本の未来がどこまで持ち堪《こた》えられるのか、われわれも非常に考えさせられる材料をたくさん頂きました。

二階俊博守護霊　君たちは、まもなく、稲田《いなだ》（朋美《ともみ》）防衛大臣が〝ウナギ〟に変身しているところを見ることになるだろう。

綾織　ああ……、そうなりますか。

二階俊博守護霊　うーん。なる。

綾織　分かりました。そのあたりも勉強させていただきます。

本日はありがとうございました。

二階俊博守護霊　ということで、君たちはねえ、「世界は一つ、人類はみなきょうだい」っていう思想もあるわけだからさあ。

綾織　まあ、私たちの考えは、そうなんですけれどもね。

二階俊博守護霊　実戦部隊の私たちの邪魔《じゃま》をしないようには努力してくれないかな。

斎藤　本当に、幸福の科学から発信される情報、また、幸福実現党の活動といったものが非常に目障《めざわ》りであると思っていて、そのことを伝えたくて来たというのはよく分かりました。

二階俊博守護霊　今年が最後だったんだろ？　参院選が最後だったんだろ？　それで、もう敗れたんだろ？　そんで終わりじゃないか。

綾織　いえいえ。これからも……。

二階俊博守護霊　これで、君たちは民意を得られなかったということで、潔《いさぎよ》く解散して、宗教の一派にお戻《もど》りになれば、それがいちばん〝世界平和〟になる。

綾織　そういうことをおっしゃりたいというのは、非常によく分かりました。

二階俊博守護霊　うん、〝世界平和〟になるからね。

綾織　はい。ありがとうございました。

斎藤・立木　ありがとうございました。

12 日本人にとって〝踏《ふ》み絵〟ともなった今回の霊言《れいげん》

安倍《あべ》政権は〝日本安楽死政権〟

大川隆法 (手を二回叩《たた》く)うーん、はあ(ため息)。このような人が多いのは多い……(苦笑)。どうですかね。

まあ……、はあ(ため息)、これは何でしょうか。

綾織 (苦笑)

大川隆法 とにかく、先ほどの「ゼラチン状の何とか」という表現が……。ゼラチン状の何でしたでしょうか。

斎藤　「ゼラチン状のグニャグニャした外務大臣が必要である」と。

大川隆法　これは、「ゼラチン状のグニャグニャした幹事長」ですね。

綾織　かなり、もっと上を行っていました。

大川隆法　こういうゼラチン状のグニャグニャしたもので、安倍《あべ》さんは護《まも》られているわけです。

綾織　そうですね。分からなくなってしまいますね。

大川隆法　「タカ派」と言っても、その言葉や言っていることは明確ではないですからね。

結局、どうしたかったのでしょうか。「安倍政権の間は、日本はまだ国としてある」と言っているわけですよね。

綾織　そう言っています。

大川隆法　しかし、天皇は今、もう消えようとしているわけですね？　流れとしては、「天皇が消え、首相が消え、国が消える」ことになるんですか。

綾織　はい。

大川隆法　それは大変です。なるほど。

また、当会の〝家庭教師〟はうるさすぎるということでした。ギャアギャアギャアギャアギャアと言いすぎるわけですね。「黙《だま》って、おとなしくしていれば、中国語と人民元《じんみんげん》が流通する国になるのだ」と、そう言っていました。〝日本安楽死政権〟という感じでしょうか。

綾織　ああ、そういうことなのですね。

斎藤　〝安楽死政権〟ですか。

大川隆法　この国は、このあたりの人が牛耳《ぎゅうじ》っているということですね。でも、そういう人が（選挙で）多数を取れる国であるということであれば、国民が自分の未来を決めているのですから、もはや、「体制内革命」としてはどうしようもないかもしれません。

今、日本人が迫《せま》られている〝踏《ふ》み絵〟とは

大川隆法　はあ（ため息）、ヌルヌルですか。ヌルヌルと逃《に》げていきますか。それは、そのうち寿命《じゅみょう》が尽《つ》きるでしょうね。

綾織　そうですね。

大川隆法　「責任はない」と思っているのかもしれません。

綾織　ええ、そういう考えです。

大川隆法　うーん。そういうことですか。どうですかね。当会も、〝ヌルヌル教育〟なんか……。

立木　いえ、やはり、反面教師にしないといけないところもあるのかなとは思いますけれども、いちおう人間関係を円滑《えんかつ》にするためには、そういうのが必要な部分もあるかもしれません。

綾織　私たちの側からすると、やはり、「民意の部分を変えていく」というところになると思います。

大川隆法　政権の周りは、だいたいこんな感じなのでしょう。上に行くほど物事をはっきり言わなくなっていき、何とでも取れるようにしか言いません。

斎藤　「延命こそすべて」ということが軸《じく》にあります。

大川隆法　「自分たちが生きている間ぐらいは国が保てたら、あとは、中国に〝M&A〟されてもしかたがない」という下準備をしているような感じにも見えるというところでしょうか。

また、「自衛隊では敵《かな》わない」と、はっきりおっしゃいましたので、対応が遅《おそ》いのでしょう。

綾織　言葉は悪いですけれども、「悪魔《あくま》のささやき」にも聞こえるようなところがあります。

大川隆法　日本を「独立国だ」と考えるなら、そうでしょうね。「独立国ではない」と思うのであれば、彼らの考えは、「悪魔のささやき」ではなく、〝天使の救い〟なのでしょう。

綾織　うーん。

大川隆法　このあたりが（政権の）中枢《ちゅうすう》だということで、これで「国民が発奮するか、しないか」。「まだ言論戦を続けられるか」。あるいは、「これを聞いても（幸福実現党は）政治選挙を続けられるか」。例えば、「（衆院選の）補選等にも出たくないか、出たいか」。こういったものは、みな〝踏《ふ》み絵〟です。

斎藤　はい。

大川隆法　こういう〝ヌルヌルな感じ〟を続ける未来を、みなさんは望んでいらっしゃるのか否《いな》か、あるいは、マスコミも今、〝ヌルヌルのゼラチン状〟で生きているような感じがしなくもありませんが、マスコミもそれを望んでいらっしゃるのか。

綾織　そうですね。

大川隆法　まあ、しかたがないですね。当会は、日本人にしてははっきりしすぎる教団ですし、政党（幸福実現党）もそうなっているので、その言論が大きくならなければ、それまでなのかもしれません。

「中国の支配が始まる」と読んでいる二階氏守護霊

大川隆法　ただ、若干《じゃっかん》、人材が寂《さみ》しい感じはします。こんなものなのでしょうか。これでは何も進まないですよね。

斎藤　非常に、マスメディアで宣伝されている像とのズレを、今日、また、体感しました。

大川隆法　本当に民主主義なのでしょうか。なんだか、ずっと「現状維持《いじ》」を続けようとしているだけのようにしか見えません。

綾織　そうですね。

大川隆法　ただ、これは、〝感度がいい〟のかもしれませんね。「アメリカの支配が終わって、中国の支配が始まる」と読んでいるということでしょう。

綾織　「現状維持」ということでは、正確な見通しなんですね。

大川隆法　「もうすぐ中国の時代が来るから、そのための橋渡《はしわた》しを今、やっている」と思っているということですね。

斎藤　確かに、先日放送されたドキュメント番組（二〇一六年八月二十二日放送のＮＨＫ「プロフェッショナル　仕事の流儀《りゅうぎ》」）のなかでも、ある経営者の方が、自《みずか》ら設立したインターネットの高校に中国語のカリキュラムを導入して、「絶対必要になる。学校で中国語を勉強させよう」というようなことを言っていました。

大川隆法　ジム・ロジャーズなども、子供の教育に関しては、バイリンガルに育てるのがいちばんの教育だと考えて、娘《むすめ》のナニー（ベビーシッター）として中国人を雇《やと》い、中国語を話させるようにしていましたから、そう読む人もいるでしょう。

まあ、アメリカの未来に対して、少し悲観的になっていることも関係はあるのかもしれません。

今の日本の問題点は「遅行性《ちこう》」

斎藤　先ほど、総裁先生も、「これも一つの〝踏み絵〟」というようにおっしゃいましたけれども、われわれも、これを〝踏み絵〟の材料として受け止めたいと思います。

大川隆法　ええ。ですから、会員のみなさんや国民のみなさんに対して、「これでもまだ戦えますか?」というところでしょうか。

綾織　ただ、やはり、国民にもマスコミにも良心はありますので、そこに語りかけていきたいと思います。

大川隆法　すべてにおいて考えが遅《おく》れていくところが問題なのです。「遅行性《ちこう》」というのでしょうか。十年は遅れますからね。

今、当会が鶏《にわとり》のようにコケコッコーと鳴いているのでしょうけれども、まだ早すぎるのでしょう。〝早すぎる目覚まし〟なのです。

綾織　でも、今でなければ、もう〝遅すぎる〟というような話になってしまうので。

大川隆法　ええ、おそらく、そうだと思います。もう、体制がそうならなければ駄《だ》目《め》でしょうけれども、本気で憲法改正するまでの気はないのかもしれませんね。残念ですが、今のところは、こんな中《ちゅう》途《と》半《はん》端《ぱ》なところです。

斎藤　はい。本日の霊言《れいげん》の内容を踏まえ、これを糧《かて》とし、精進《しょうじん》する私たちでありたいと思います。

大川隆法　はい。（二階俊博幹事長の守護霊は）なぜ来たのかよく分かりませんけれども、「われわれ（安倍政権）は一蓮托生《いちれんたくしょう》だ」という「自白」に来たということでしょう。

斎藤　本日は、本当にありがとうございます。

大川隆法　お疲《つか》れ様でした（手を一回叩く）。

質問者一同　ありがとうございました。

あとがき

〝安楽死政権《あんらくしせいけん》〟という言葉が、批判としてではなく、実感を伴《とも》なって迫《せま》ってくる内容であった。

そんなにこの国を中国に売り渡したいのか。

北朝鮮のミサイル遊びや、中国軍艦の尖閣《せんかく》諸島クルーズに「受けいれられない」ぐらいしか言えない政権の、末期《まっき》を感じとったのは私一人だけではなかろう。政府が日本領土と主張する竹島に、韓国国会議員が終戦記念日に多数上陸しても、〝元《もと》従軍慰安婦《じゅうぐんいあんふ》〟と称するPR部隊に十億円バラまくことしか考えられない人たちに、

「魚らしくウロコぐらいつけなさい。」と言っても無駄《むだ》なのかもしれない。最後の武士《さむらい》にはなりたくないが、たった一人になっても、本当の正論を言い続ける所存《しょぞん》である。

二〇一六年　九月一日

幸福《こうふく》の科学《かがく》グループ創始者兼総裁《そうししゃけんそうさい》

幸福実現党創立者兼総裁《こうふくじつげんとうそうりつしゃけんそうさい》　大川隆法《おおかわりゅうほう》

『二階俊博自民党幹事長の守護霊霊言』大川隆法著作関連書籍

『小池百合子 実力の秘密』（幸福の科学出版刊）
『今上天皇の「生前退位」報道の真意を探る』（同右）
『菅官房長官の守護霊に訊く 幸福実現党〝国策捜査〟の真相』
（幸福の科学広報局編・幸福の科学出版刊）
『岸田文雄外務大臣 守護霊インタビュー
外交 そしてこの国の政治の未来』（幸福実現党刊）
『世界皇帝をめざす男――習近平の本心に迫る――』（同右）
『ＧＤＰを１５００兆円にする方法』（綾織次郎 著 幸福の科学出版刊）

二《に》階《かい》俊《とし》博《ひろ》自《じ》民《みん》党《とう》幹《かん》事《じ》長《ちょう》の守《しゅ》護《ご》霊《れい》霊《れい》言《げん》

――〝親中派〟幹事長が誕生した理由――

2016年9月8日　初版第1刷

著　者　大《おお》川《かわ》隆《りゅう》法《ほう》

発　行　幸福実現党

〒107-0052　東京都港区赤坂2丁目10番8号
TEL(03)6441-0754

発　売　幸福の科学出版株式会社

〒107-0052　東京都港区赤坂2丁目10番14号
TEL(03)5573-7700
http://www.irhpress.co.jp/

印刷・製本　株式会社 堀内印刷所

落丁・乱丁本はおとりかえいたします

ISBN978-4-86395-834-0 C0030

カバー写真：stunnedmullet/Shutterstock.com

本文写真：663highland ／ World Economic Forum/Photo by Natalie Behring ／
AFP ＝時事／ EPA ＝時事／ hagechin/PIXTA ／ naoki/PIXTA ／時事／
読売新聞／アフロ

大川隆法霊言シリーズ・安倍政権のあり方を問う

菅官房長官の守護霊に訊く
幸福実現党“国策捜査”の真相

幸福の科学広報局　編

幸福実現党への国策捜査に踏み切った理由を官房長官の守護霊が激白！ 事実上の捜査の指揮権を官邸が握っていることを認めた衝撃の霊言。

1,400円

岸田文雄外務大臣守護霊インタビュー
外交 そして この国の政治の未来

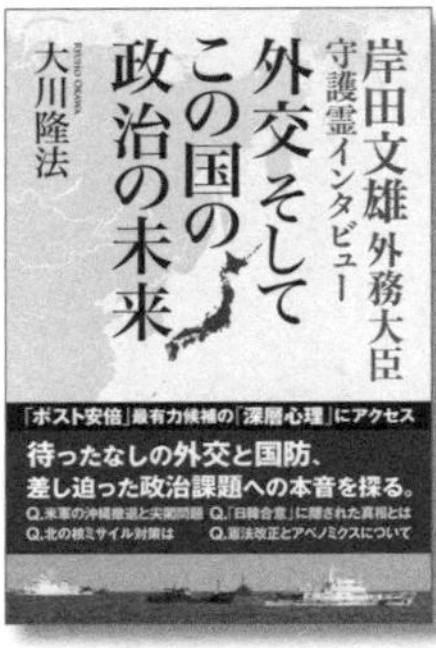

もし、岸田氏が総理大臣になったら、日本はどうなる? 外交、国防、憲法改正、経済政策など、次の宰相としての適性を多角的に検証。【幸福実現党刊】

1,400円

幸福実現党本部 家宅捜索の真相を探る

エドガー・ケイシーによる スピリチュアル・リーディング

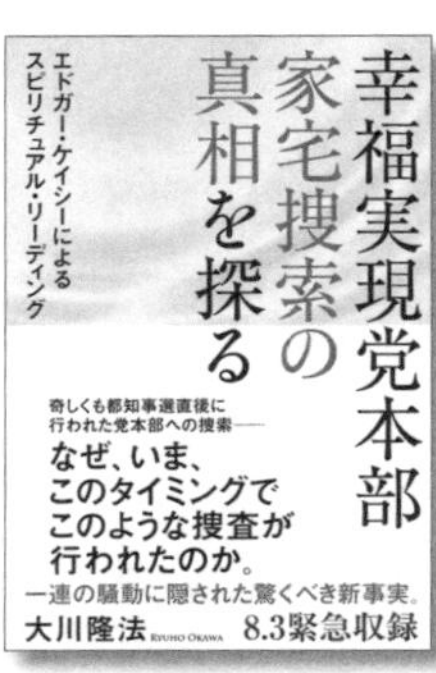

都知事選の直後に行われた、異例とも言える党本部への家宅捜索について、その真相を霊査。一連の騒動の背景に隠された驚くべき新事実とは?【幸福実現党刊】

1,400円

※表示価格は本体価格(税別)です。

政治家が、いま、考え、なすべきこととは何か。元・総理　竹下登の霊言

消費増税、マイナンバー制、選挙制度、マスコミの現状……。「ウソを言わない政治家」だった竹下登・元総理が、現代政治の問題点を本音で語る。【幸福実現党刊】

1,400円

橋本龍太郎元総理の霊言

戦後政治の検証と安倍総理への直言

長期不況を招いた90年代の「バブル潰し」と「消費増税」を再検証するとともに、マスコミを利用して国民を欺く安倍政権を〝橋龍〟が一刀両断!

1,400円

自民党諸君に告ぐ　福田赳夫の霊言

経済の「天才」と言われた福田赳夫元総理が、アベノミクスや国防対策の誤りを叱り飛ばす。田中角栄のライバルが語る〝日本再生の秘策〟とは!?【ＨＳ政経塾刊】

1,400円

大川隆法シリーズ・最新刊

小池百合子 実力の秘密

孤立無援で都知事選を戦い抜き、圧勝した小池百合子氏。マスコミ報道では見えてこない政治家としての本心から、魂の秘密までを多角的に検証。

1,400 円

夫婦の心得

ふたりでつくる
新しい「幸せのカタチ」

大川咲也加　大川直樹　共著

恋愛では分からない相手の「素」の部分や、細かな習慣の違いなど、結婚直後にぶつかる"壁" を乗り越えて、「幸せ夫婦」になるための 12 のヒント。

1,400 円

女性のための
「幸せマインド」のつくり方

大川紫央　大川咲也加　大川瑞保　共著

なぜか幸せをつかむ女性が、いつも心掛け、習慣にしていることとは？ 大川家の女性 3 人が、周りに「癒やし」と「幸せ」を与える秘訣を初公開！

1,400円

幸福の科学出版

大川隆法ベストセラーズ・地球レベルでの正しさを求めて

未来へのイノベーション

新しい日本を創る幸福実現革命

経済の低迷、国防危機、反核平和運動……。「マスコミ全体主義」によって漂流する日本に、正しい価値観の樹立による「幸福への選択」を提言。

1,500円

正義と繁栄

幸福実現革命を起こす時

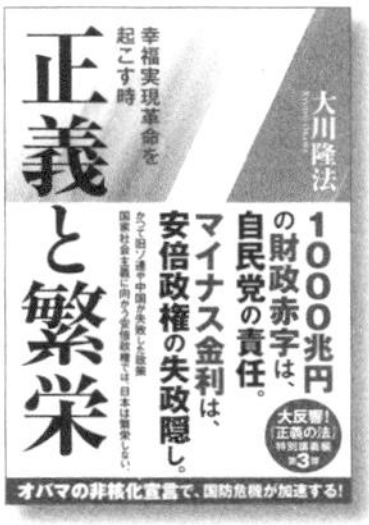

「マイナス金利」や「消費増税の先送り」は、安倍政権の失政隠しだった!? 国家社会主義に向かう日本に警鐘を鳴らし、真の繁栄を実現する一書。

1,500円

世界を導く日本の正義

20年以上前から北朝鮮の危険性を指摘してきた著者が、抑止力としての日本の「核装備」を提言。日本が取るべき国防・経済の国家戦略を明示した一冊。

1,500円

現代の正義論

憲法、国防、税金、そして沖縄。
——『正義の法』特別講義編

国際政治と経済に今必要な「正義」とは——。北朝鮮の水爆実験、イスラムテロ、沖縄問題、マイナス金利など、時事問題に真正面から答えた一冊。

1,500円

幸福の科学出版